U0502882

绝对成交
销售加速手册

**HOW TO BE
A GREAT SALESPERSON
——By Monday Morning**

[美] 戴维·库克 ◎ 著

(David R. Cook)

迟文成　付金 ◎ 译

中国科学技术出版社
·北　京·

How To Be a Great Salesperson—By Monday Morning!

Copyright © 2017 by David R. Cook

Simplified Chinese edition copyright © 2023 by **Grand China Publishing House**

All rights reserved.

Written permission must be secured from the author to use or reproduce any part of this book, in any form, or by any means, electronic or mechanical, including photocopying, recording, or by any information storage and retrieval system.

本书中文简体字版通过 **Grand China Publishing House（中资出版社）**授权中国科学技术出版社在中国大陆地区出版并独家发行。未经出版者书面许可，不得以任何方式抄袭、节录或翻印本书的任何部分。

北京市版权局著作权合同登记　图字：01-2022-3734

图书在版编目（ＣＩＰ）数据

绝对成交销售加速手册 /（美）戴维·库克著；迟文成，付金译 . -- 北京：中国科学技术出版社，2023.2（2024.9 重印）

书名原文：How to Be a Great Salesperson—By Monday Morning!

ISBN 978-7-5046-9775-2

Ⅰ . ①绝… Ⅱ . ①戴… ②迟… ③付… Ⅲ . ①销售－方法 Ⅳ . ① F713.3

中国版本图书馆 CIP 数据核字 (2022) 第 145019 号

执行策划	黄　河　桂　林	
责任编辑	申永刚	
策划编辑	申永刚　方　理	
特约编辑	郎　平	
版式设计	王永锋	
封面设计	仙境设计	
责任印制	李晓霖	

出　　版	中国科学技术出版社	
发　　行	中国科学技术出版社有限公司	
地　　址	北京市海淀区中关村南大街 16 号	
邮　　编	100081	
发行电话	010-62173865	
传　　真	010-62173081	
网　　址	http://www.cspbooks.com.cn	

开　　本	787mm×1092mm　1/32	
字　　数	166 千字	
印　　张	7	
版　　次	2023 年 2 月第 1 版	
印　　次	2024 年 9 月第 2 次印刷	
印　　刷	深圳市精彩印联合印务有限公司	
书　　号	ISBN 978-7-5046-9775-2/F·1081	
定　　价	59.80 元	

（凡购买本社图书，如有缺页、倒页、脱页者，本社销售中心负责调换）

致中国读者

3 个月就从负债累累到
全款购买崭新跑车，凭什么？

能通过这本书遇到你们，我感到十分荣幸。我知道，我们相隔千里，生活在不同的地方，有着不同的文化，但我们的梦想是一样的。

我们都想做到最好！我们都希望家人生活得更好！我们都想得到自己渴望的东西。

戴维·库克

我相信这些我们终将得到。

你愿意阅读我的书，说明我们在很多方面都是一样的。再说一次，很荣幸遇到你，感谢你阅读《绝对成交销售加速手册》!

我想和你们分享一下我的动力来源，以及我的一些背景。

第一次做销售时，我还是俄亥俄州的托莱多大学的一名18岁的大一新生，当时我身无分文，而且负债累累，对未来感到十分迷茫。

我的一个朋友问我是否想在春假时去佛罗里达玩玩。

朋友知道我没有钱，于是对我说我们可以坐他的车去，还可以免费住在他朋友家。

顺便说一下，他的车是一辆破旧的普利茅斯车，车底盘上还有几个破洞。当我们行驶在高速公路上时，我真的能看到脚下的路面!

如今，每当我想起这件事，都会感到后怕。但那时我们还年轻，觉得这没什么大不了的。

我们到达佛罗里达后，有个叫史蒂夫的小伙子让我开他的科尔维特黄貂鱼敞篷车。在那时，每一个年轻人都想拥有这种汽车。我立刻意识到，我必须也要有一辆！

这对我而言是一个重要的转折点——我第一次产生了强烈的渴望。

我告诉我在佛罗里达的新朋友们，我也打算买一辆科尔维特黄貂鱼。他们都笑话我：不可能，这种车太贵了。史蒂夫继承了一笔遗产，所以才买得起。

我说："记住我的话，我一定会买一辆的。"他们继续笑着。

春假结束，我回到了托莱多后，整个人就像被点燃了一样！我必须买一辆黄貂鱼。我到处找工作，但是我没有经验，人们不愿聘用我。

最终，我说服了鲍勃聘用我。鲍勃是我服务的第一个老板，那份工作是挨家挨户地推销空气过滤装置。

我怀着强烈的渴望做着这份工作，没有什么能阻止我实现自己的目标。

鲍勃是我一生中最好的导师，我很幸运，凑巧进入了销售行业。我实践了鲍勃告诉我的一切，在 3 个月内赚到了人生的第一桶金，买了一辆全新的科尔维特黄貂鱼敞篷车！不是分期付款，而是全款。

仅仅 3 个月，我就从一个负债累累的人变成了一个开着崭新的敞篷跑车到处跑、每个月都能赚大钱的人。

为什么？因为我有一位非常了不起的导师，还因为我有强烈的渴望。

那些嘲笑我、说我不可能赚到钱买那辆车的人们，他们中的很多人最后都为我工作了。这感觉真棒！

现在，请仔细看我下面要说的。我所做的一切使我成了顶级的销售人员，而我将在这本书中分享我所有的销售方法。它们对我有效，也会对你有效。使用这些方法，你就会成为公司里最好的销售人员。

这很简单，只要按照书中的步骤操作就行，你的销售额将会显著提高。

我做到了，我知道你也能做到！

你可以从别人那里学到一些他们花了很多年才想清楚的销售知识，这要比你自己去想来得更快、更容易。

　　现在，请享受《绝对成交销售加速手册》吧！

Qstream

《绝对成交销售加速手册》荣获
2017 年最佳销售 & 市场营销类图书奖

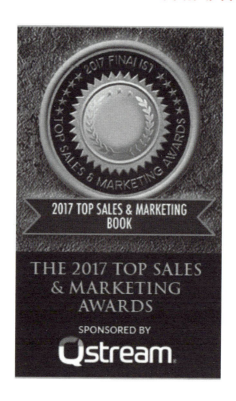

恭喜，你已经找到了你应该读的书！

《绝对成交销售加速手册》！

你可以在短短几秒内

使自己的销售知识向前跨越数年。

权威推荐

罗恩·塔克菲尔德（Ron Tuckfield）
科汇集团全球总监和地区高管

戴维·库克绝对是一位销售大师！毫无疑问，任何有幸出现在他周围的人，都会从他的经验和富有感染力的竞争品格中学到东西。

杰弗里·洛克（Jeffrey Rock）
加利福尼亚州旧金山斯特拉达投资公司高级副总裁

戴维具有独一无二、绝对非凡的能力，能让他周围的人自信满满。这本书不仅是一份礼物，更是他多年来辛勤工作的结晶。

斯泰西·史密斯（Stacey Smith）
BRL 公司销售总监

戴维一直都很成功，并且永远都会大获全胜。他态度积极，非常敬业，而且对销售很在行。

丹尼·弗朗哥（Denine Franco）
BRL 公司高级客户经理

戴维写《绝对成交销售加速手册》时就像在和朋友聊天一样。我相信，你如果学会了他的销售技巧，就会发现，促成交易比你想象的要容易得多。

约瑟夫·贝内斯基（Joseph Berneski）
CT 公司销售经理

作为销售人员的你，如果想成为公司的金牌销售，请阅读这本书。作为经理的你，如果想提高销售额，请让你的销售代表也读一下这本书。

HOW TO BE A GREAT SALESPERSON

本书简介

按照书中的步骤操作
你的销售额将会猛增

如果你决定开始做一件事，就必须完成它，我们都听过这句话。这很简单……别把它弄复杂了。

本书不是一本随便拼凑起来的书，而是根据我 30 多年来行之有效、极为成功的销售经验写成的。可以说，我十分高兴能够通过这本书与你相遇。你对这本书的投入，让我知道我们志趣相投。我们都想在销售排行榜上名列前茅。我们都在不断努力提升自己，成为金牌销售员。

所有公司都会日复一日、年复一年地做产品培训。但他们忽略了同样重要的销售培训——如何卖出自己的产品或服务。他们需要做的不只是演示产品或服务，更是销售产品或服务。

销售人员需要知道在什么阶段创造紧迫感、何时使用第三方参与法或试用法、为什么反复提及客户的名字至关重要，以及如何缩短销售周期等。

而这就是本书能够发挥作用的地方，它能使你的销售额翻上一番，为你的职业生涯锦上添花！

全世界的专业销售员都需要阅读《绝对成交销售加速手册》，这本书能让你在拜访客户时处于最佳状态。无论是面对面的销售还是电话销售，通过阅读本书并使用书中阐述的原则，你都将以前所未有的自信和热情接待客户。

销售培训永无止境。一位真正的行家会告诉你这句话。我也仍在学习，以后也会不断学习。这本书可以让销售人员轻松掌握销售技巧和成交技巧，他们的销售额将会大幅提升，这并不难。

要记住，本书能够为所有行业的销售人员提供专业的销售培训，不论是内部销售还是外部销售，无论你销售的是什么产品或服务，它都能为你带来巨大的帮助。热情接待、挖掘利益和创造紧迫感是一切成功销售都具备的三个关键因素，无论你销售的是什么产品。

我再强调一遍：热情接待、挖掘利益和创造紧迫感是所有成功销售的三个关键因素，无论你销售的是什么产品。而本书详尽地阐释了这三个关键因素。

阅读《绝对成交销售加速手册》，并应用书中的方法，你一定会有所收获的！我期待你的反馈！我喜欢成功的故事！

如何阅读这本书

当你买完电器拿出安装说明书时，第一眼看到的粗体字是什么？先读读这个。

与之相同，这本书也有阅读说明。我知道你的疑问："阅读说明？"是的，阅读说明。跟我一起读一下，会有益处的。

你阅读每一章时都可以分三步。

1. 阅读这一章，大致了解成功销售技巧。
2. 重读这一章，加深对成功销售技巧的理解。

3. 把这一章中的成功销售技巧运用到实际的销售演示中，至此，你就真正掌握了它。

把这本书带在身边，这样你就可以经常复习已掌握的所有成功销售技巧，以便随时使用。《绝对成交销售加速手册》是一本能让你受益终身的书。因为它时刻提醒着你：你可以变得多么了不起。

当你开始使用本书中的成功销售技巧，你的销售量就会增加！随着你越来越多地使用这些技巧，你的销售成绩会越来越好。当你彻底掌握了书中的成功销售技巧后，你的销售额就会猛增，你会成为公司里的金牌销售。

前　言

怀抱强烈的渴望马上行动
梦想才有可能实现

我们到底为什么要从事销售工作呢？为什么会有人想要做销售呢？我有以下几个理由。

下面这个春假时发生的故事，让我对销售有了认识，使我懂得了强烈渴望蕴含的巨大能量，并永远改变了我的生活！

几十年前，我正在俄亥俄州的托莱多大学（University of Toledo）读大一，我大学生涯的第一个春假就要来临了。

一个朋友问我是否想去佛罗里达州，我回答："你是在开玩笑吗，我当然想去！"那年我 18 岁，当时正值寒冷的冬季。谁不想去佛罗里达州呢！

于是，我们坐上朋友那辆破旧的灰色普利茅斯汽车，前往佛罗里达州。我之所以说那是辆破旧的普利茅斯，是因为车的底盘有洞。

实际上，我们甚至可以透过汽车底盘上的洞看到下方的路面。现在想到这样的旅行条件，我肯定会退缩的。但那时，年轻的我对旅行充满激情，所以车底盘上有几个洞又有什么关系呢？没什么大不了的！

于是我们启程前往佛罗里达州。我们在路上花了很长时间，因为车速不能超过 89 千米 / 时，否则引擎会过热。当我们终于抵达时，天公作美，佛罗里达州风和日丽，随处可见棕榈树和美丽的海滩。直到今天，我仍认为那也许是我度过的最美好的假期之一。

此外，那辆老旧的灰色普利茅斯再也没能回到俄亥俄州：它在佛罗里达州彻底抛锚了。我和另一个朋友只能乘车返回托莱多。但不管怎么说，那辆普利茅斯至少把我们送到了佛罗里达州。

在佛罗里达州，我认识了一个叫史蒂夫的小伙子。史蒂夫有辆全新的科尔维特黄貂鱼敞篷车。科尔维特黄貂鱼敞篷车属于豪车，像他这样年纪轻轻的人，可能是通过某种继承方式获得此车的。

在那个年代，科尔维特是一款适合年轻人的车。我不知道如今什么车适合年轻人，但在 20 世纪 70 年代初，肯定是科尔维特黄貂鱼。史蒂夫竟然让我开这辆车。真是太酷了！

就这样，18 岁的我，开着这辆配有四速变速箱的全新科尔维特黄貂鱼敞篷跑车在特雷热艾兰（Treasure Island）和圣彼得斯堡（St. Petersburg）的街道上兜风。驾驶这辆车的感觉真是太棒了。

接着，我无意中发觉自己吸引了异性的目光，说实话，这感觉不错。有一辆科尔维特黄貂鱼确实能给一个人带来很多好处。我立即决定：我一定要拥有这款车！我告诉朋友我要买辆科尔维特黄貂鱼。他们都开始嘲笑我。

他们说："你买不起那款车，它贵得离谱。史蒂夫是碰巧继承了一笔遗产，才能买下那辆车。"

我回敬道："记住我的话：我一定会买一辆科尔维特黄貂鱼。"

他们都耸耸肩，继续往前走。他们的想法对我来说毫无意义，因为我会怀着"强烈的渴望"去完成目标！

春假结束后，我回到了托莱多，这是个寒冷的地方。我赶紧开始找工作。在此之前，我只在 10 岁时当球童和高中时在当地乐队舞会上吹萨克斯管挣到过钱。我从来没有过一份真正的工作。

我去应聘了很多家在当地报纸上刊登招工广告的公司（这是互联网出现之前的招聘方式）。

我到处都找遍了，去了每一家商店，问他们是否需要人手。当我看到一则销售空气过滤器的广告时，我对自己说："这个我行。"我需要一份工作，什么工作都行。而这份工作恰好是销售。我真幸运！

然而，当我去应聘那份工作时，公司老板却告诉我他不想聘用大学生。我坚持道："只要给我一个机会，我就可以卖出您的产品。"他很不情愿地接受了，"那就这么着吧。"

　　我有一种强烈的、狂热的、燃烧的渴望。没有什么能够阻挡我拥有那款科尔维特黄貂鱼敞篷车。

　　他们培训销售空气过滤器人员的方式是，让你和销售代表一起出去约见客户并演示产品，看他们如何销售产品，这个过程会重复4次。我去销售过4次产品，但没有一次达成最终成交。在为期一周的培训中，我一笔交易都没做成。

　　老板能够看出我渴望成功，而且非常在意，于是对我说："一笔交易也没做成，谁都会有点儿失望的。"我看着他说道："没问题，我知道自己能做到。"

　　渐渐地，我开始独自做销售、做展销，最终产品卖得如火如荼！别忘了，我是在完成目标！

　　3个半月后，我有了钱——我有了能去买辆全新科尔维特黄貂鱼的全部现款！我是边上大学边做兼职的，然而我的销量超过了全职销售人员！

这都是因为我怀着那股强烈的渴望。我需要挣到钱才能买下那款科尔维特黄貂鱼。18 岁时，按现在的购买力计算，我每周挣得的佣金约为 2 000 美元，而我的朋友们每周做小时工的薪水大约是 200 美元。我很快就认定销售是最适合我的工作。

销售工作最棒的地方，在于你可以为自己做决定。你本周想赚多少钱？或者你想在工作中出多少力？

此外，你还在通过自己的产品或服务帮助和支持更多的人，让他们的生活变得更轻松，这会让你收获一种极致的满足感。这是一个双赢的过程。我喜欢做销售。

拿破仑·希尔（Napoleon Hill）说："人们所构想和相信的一切，最终都会实现！"

认真学习本书中的成功销售技巧，你就会成为公司的金牌销售。

如果你是销售新手：

你接触到的就是一部销售类图书中的瑰宝。

如果你是一名经验丰富的专业销售人员：

你应该知道，作为专业销售人员，我们需要不断学习、不断发展、不断变化。我很高兴能与你们分享我的成功销售技巧。

小企业主请注意：

本书同样适合你们。我喜欢支持本地的小企业，我还发现了一个问题：当我与这些小企业接触时，我确实感受到了企业主对产品或服务的投入和热忱，但我认为他们销售产品或服务的能力有待提高。

我只看到了他们演示产品或服务的能力，但没看到他们销售产品或服务的能力。演示产品和销售产品之间的差别太大了，这一点我将在本书中解释。

小企业主热爱自己的产品或服务，也热爱自己的客户，但这毕竟是桩生意，你只有赚到钱才能生存。遵循这本书中的原则，你的销售额会翻一番。这样一来，你的客户满意，你也快乐，你的生意也会蒸蒸日上！

希望将来能听到你通过实践本书中的成功销售技巧提升了销售额的好消息。我希望你会做得更好，你一定会的！

有人说："只有去行动，梦想才有可能实现。"这话千真万确。真理无法言说，只能靠行动来表达……让我们开始行动吧！我现在就可以告诉你：你正在实现自己和家人的梦想。

请遵循本书中所有的成功销售技巧。我再说一遍："它们确实有用！"

我此刻与你们分享的成功销售技巧就是我 30 多年来一直在用的技巧，因此，我是这些证明成功销售技巧有效性的活生生的例子。做销售后，我在自己工作过的每一家公司中，都是名列榜首的顶尖销售员。

我获得过的奖项包括总裁俱乐部奖、卓越领导奖、杰出销售员奖和精英奖等。访问我的社交网站页面（Dave Cook），你将对我多年来获得的奖项和赞誉有所了解，而帮助我赢得这些奖项的成功销售技巧，就是我即将与你们分享的。

我不在乎你从事什么行业——做房地产、开零售店、销售工业设备、卖药品，或者售卖软件，也不在乎你卖的产品是什么，因为本书中的成功销售技巧适用于所有行业。

尽情卖吧！

在职业生涯中，我在许多不同行业做过销售。我卖过空气过滤器、做过房地产生意，也做过软件销售和电视广告。在过去的10年里，我一直在出版业做销售工作。在这些行业中，我都使用过相同的成功销售技巧，并且成为这些行业的金牌销售和头号销售。

我再说一遍，你卖的产品是什么并不重要。将这些原则应用到你销售的任何东西上，都能确保你实现自己的销售目标，进而成为金牌销售和头号销售。

目　录

CHAPTER 1

第1章

如何开始一场销售

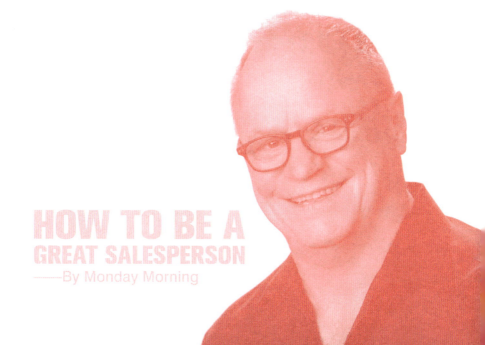

HOW TO BE A
GREAT SALESPERSON
——By Monday Morning

永远都要信任你的产品或服务。当有人称赞你是多么了不起的销售员时，你要告诉他们，这都归功于你的产品或服务。始终要将你的产品或服务的好处烙印在客户的脑海中。

每个人都会买幽默的销售员的产品，幽默感是一件利器。

纽约房地产销售之神弗雷德里克·埃克伦德

房地产销售必读《逆势成交》

让客户笑起来

想让他人认可你，最快的方式就是让他们笑。记住，要让你的客户笑起来！事实证明，如果你能让别人感到愉悦开怀，那么他们就会站在你这边。我想大多数人更愿意和能让自己欢笑的人相处。

人在笑的时候，大脑会释放内啡肽，它会瞬间让人感到欢愉，更会让人觉得这一切都源于那个让他欢笑的人。人在笑起来的时候，戒备心也会降低。这时，你内心有个声音告诉你："这个让我笑起来的人真不错"。你的客户会这样想：“跟他打交道应该会很有意思。”此时的客户更愿意敞开心扉、洗耳恭听。

无论有多难，你一定要尽力逗笑客户。以我为例，开始做销售后，我常常用爱会议（GoToMeeting）来做在线销售和研讨会。如果你对爱会议还一无所知，我强烈推荐你去试试。这个平台操作起来非常简单，也有很多用户。通过爱会议给客户介绍产品或服务，既简捷又好用。

我会让客户在爱会议上讨论生意或开在线研讨会的过程变得有趣。每当客户上线，爱会议都会在屏幕上提示我："比尔（客户）到了。"虽然客户看不到我的屏幕，但我会对他说："您看看，爱会议居然在屏幕上显示'比尔到了'。这阵势就像明星大驾光临一样。"

客户通常都会这样说："嘿，很高兴来到这里。"然后哈哈大笑。我们就这样一起放声大笑，卸下防备。

当然，你可能会觉得这看起来颇为滑稽，但每次我都会让客户开怀大笑。荒唐之趣，乐在其中。还有一件和爱会议设置相关的事：当客户准备使用爱会议时，我告诉他要填写名字和电子邮箱地址来注册。然后我这样对他讲:"您就别填姓了,现在就我们俩,我们又不是在开什么上百人的网络会议。今天您将享受到一对一的特殊服务。"

我这样说完之后,客户往往会说:"真不错,我很享受这种特殊待遇。"

接着又是一阵大笑,每次都如此。人们喜欢逗趣! 欢笑可以消除客户对你的防备。找找看吧,看看你身边有什么能让客户立刻发笑的东西,不管是什么。必要的话,你可以试试用搜索引擎找找与客户行业相关的笑话,一定要能让客户笑起来!

⊗ ⊗ ⊗ ⊗

鼓舞人心的销售故事:我总是能逗得客户发笑!

大学期间销售家用空气过滤器时,我总是开着锃亮的车,穿着笔挺的西装去客户家,演示和销售我的产品或服务。我总是想办法让自己看起来一副成功人士的样子。

我的第一任老板总爱问："你愿意和一位看起来事业有成的商人打交道，还是和一位看起来一事无成的商人打交道？"这个问题很容易回答：当然是那位看起来事业有成的商人。所以在做销售时，你一定要散发出成功商人的魅力！

当我来到客户家里，开始演示和销售产品或服务时，我总是会征求客户的意见，问他我是否可以脱下西装外套。客户会说："当然可以。"

当我脱下西装外套时，我会转过头问客户："我穿的衬衫不是后背破洞的那件，对吧？"

客户总是情不自禁地笑着说，"不是啊，你现在看起来挺好的。"

留心我说过的话：我总是能逗得客户发笑！

☺ ☺ ☺ ☺ ☺

再强调一遍，重点是要逗笑客户。在意识到这点之前，你已经有了很多能让客户发笑的小笑话。要牢记一点：你会重复使用同样的笑话，而且会讲无数遍。但关键的是要记住，眼前这位客户是第一次听到你讲的笑话，这些对他来说都是新笑话。

自我肯定是最高效的工具，能够助你迅速成为最好的自己，实现一切人生理想。

死过 2 次的人生赢家哈尔·埃尔罗德
畅销 90 多个国家的成长类图书《早起的奇迹》

请散发金牌销售员的热情，
不断重复积极的自我肯定

"态度决定一切。"这句话我们都听过无数次。这是真的：你的态度决定一切。你必须热情洋溢！你必须情绪激昂！

你的态度决定着客户的态度。如果你情绪高涨，客户也会受到感染，变得心情愉悦。如果你情绪低落，客户就会闷闷不乐。更重要的是，你的态度与销售额密切相关。

销售的首要因素就是热情。

没有热情的人就像没加油的车一样：怎么跑都跑不起来，更不要提完成工作了。面对客户，你必须热情洋溢。

试想一下，如果你自己都对产品或服务表现冷淡，那你的客户又怎么会对它们感兴趣？你一定听过一句老话："热情是有感染力的"，事实确实如此，它真的能感染人！所以，你必须具备这种态度，而我会告诉你应该怎么做。

当足球运动员走上运动场时，他们不是简单地说一句"可以了，我已经做好参加比赛的准备了"。不，绝非如此。他们通过跑步、伸展运动、在脑海中预演比赛、做传球练习等方式来表现出"我已经做好迎接挑战的准备"的样子，让自己对这场比赛热情激昂。

正如我们在电视上或在实况比赛中看到的那样，他们会跟其他的运动员激烈碰撞。为了能在赛场上打起精神来，他们什么都愿意做。

音乐家——他们直接登台演奏。不，绝非如此。在音乐会开始之前，他们会在后台弹奏音阶、温习即将登台演奏的乐曲并训练声带。

舞者——他们直接登台跳舞。不，绝非如此。在登台之前，他们会在后台做日常训练和拉伸运动。

演员——他们直接出场演戏。不，绝非如此。在登台之前，他们会熟记台词，确保自己融入角色，并对将要饰演的角色进行微调。

销售人员——请继续往下读……

积极的态度 = 成功的销售

"作为一名销售人员，我怎样才能拥有这种积极向上的态度呢？"

了不起的销售员不会简单地约见客户，或随便打一通销售电话。首先，他们会让自己振奋起来！

作为一名销售员，你可能会问自己这样的问题："每个人都说我必须拥有积极的态度，但我怎么才能拥有这种态度呢？"

在我的销售培训研讨会上，人们无数次地问起这个问题，而我接下来要讲的就是怎样才能有这种积极的态度。

首先，上网搜索"肯定"（affirmation）。你能找到成百上千条的搜索结果。或者，你可以为你的 iPhone 或 Android 手机安装一款"肯定"应用程序。你还可以通过亚马逊智能音箱（Amazon Echo）设置"每日肯定"。

然后挑出对你有用的正面肯定，比如：

- ⊙ 我是世界上最了不起的销售员。
- ⊙ 我是世界上最自信的人。
- ⊙ 我是世界上最幸福的人。

你必须选择对自己有用的肯定，你也可以使用我刚才提到的那些对我有用的肯定。当你钻研这些肯定时，你会切身感受到哪些才是最适合你的。正确肯定起到的效果会让你大吃一惊。

重要的是使用这两个字："我"和"是"。

请用浏览器搜索"我是"。这两个字蕴含着无比强大的能量。

想想已故的伟人穆罕默德·阿里。他总这样说："我是最棒的，我是最棒的。"他不断地重复，直到自己和周围的人都深信不疑。

当你说"我是……"的时候，你会向潜意识发送信息，潜意识又会把你内心深处真正相信的东西返回给你。

把你的潜意识想象成硬盘，你把什么信息放进去，你就会得到什么。

再提醒一次，记得经常说"我是"，如果你说的是"你是"，你就会将自己的想法强加在他人身上，给对方贴标签，而不留余地。

"我是……我是……我是……"

大胆使用"我是……"吧。

对自己的不断肯定会变成一种信念，当信念变成执着时，奇迹就会发生。

☺ ☺ ☺ ☺ ☺

鼓舞人心的销售故事：拳王阿里总是反复说"我是最棒的，我是最棒的"

12 月中旬的一天，我有幸在洛杉矶的一家俱乐部见到了穆罕默德·阿里。那是一家私人俱乐部，我排在只有四个人的小队列的前面，等着进入俱乐部。排在我身后的是一位美若天仙的女士，她后面也有一位女士，而队列的最后是穆罕默德·阿里。我简直不敢相信自己的眼睛，确实是穆罕默德·阿里。

看到后面三个人说话的样子，我知道他们是相互认识的。不久后，排在我后面的那位女士跟我攀谈了起来，或者说我和她打开了话匣子。

我们开始谈论如何庆祝即将到来的新年。她对我说："我不喜欢在节假日期间出去玩，路上都是乱糟糟的。"我们聊得很愉快。

说实话，我甚至觉得自己也许可以请这位女士跳支舞，这样我就可以跟他们熟络起来，认识一下那位冠军。

于是我问她："也许我们稍后可以跳支舞?"没错，事情开始变得有趣了，因为和我攀谈的女士其实是穆罕默德·阿里的妻子!

我本以为排在阿里前面的是他的妻子，而排在我后面的那位女士是阿里妻子的女伴! 我竟然当着穆罕默德·阿里的面，邀请他的妻子与我共舞一曲!

这可不是一个明智之举!

不错，穆罕默德·阿里向我走来了。当时正值他的巅峰时期，当我抬头看着这位身高约为 1.9 米的重量级世界冠军时，他也低头看着我，开始举起拳头，就像在一场重大比赛前向对手举起拳头那般，似乎要对我大发雷霆。

我开始一边不停地道歉，一边用右手轻轻碰了碰他的肱二头肌，想以此强调我的歉意。他的肱二头肌是我大腿的两倍粗，坚硬如钢铁一般。我从未有过这样的感觉。

我正道歉时，他们三个面面相觑，哈哈大笑起来。紧接着，我们都大笑了起来。真是千钧一发啊! 阿里谦逊、友善，还为我表演了魔术。总之，我见到了世界冠军，而且他在很多方面都是冠军。

"我是最棒的。"是的，他做到了。

☺ ☺ ☺ ☺ ☺

好了，我选出了我的"肯定"……接下来应该怎样做？

我怎么做才能拥有积极的态度？

我应该如何运用这些肯定？

我怎样才能让我的肯定起效用？

其实，你的态度在晚上睡觉的时候就决定了。这听起来也许有些疯狂，但千真万确。当你躺在床上时，要在入睡前大声说出你对自己的肯定：

⊙ 我是世界上最了不起的销售员！

⊙ 我是世界上最自信的人！

⊙ 我是世界上最幸福的人！

⊙ 我是世界上最热情的人！

⊙ 我是了不起的!

⊙ 我是最棒的……我是第一名!

正如我刚才所说,你要大胆运用任何可能对你奏效的肯定。

晚上睡觉时,重复这些肯定并将它们灌输到你的潜意识里,你的大脑和身体会接受这些正面肯定。潜意识会相信这些肯定是真的,随即你的态度和生活将发生巨大改变!

坚持你的肯定,因为它们会起到巨大的效用!

现在,你已经醒了……

不要立刻起床或爬出被窝。至少在床上躺 5 分钟,然后开始你的自我肯定。来肯定自己吧! 跟我念:

⊙ 我是世界上最了不起的销售员!

⊙ 我是世界上最自信的人!

⊙ 我是世界上最幸福的人!

⊙ 我是世界上最热情的人!

- ⊙ 我是最了不起的！
- ⊙ 我是最棒的……我是第一名！

在这段时间里，也想想你今天需要完成哪些事，你打算怎样完成。在脑海中想象它们，就像你已经做过了一样。让你的思维活跃起来。现在，请你怀着满腔热忱、充沛的精力和满满的自信去创造一番不寻常的事业吧！

自我肯定是你超越现实，并利用你现在使用的话语来创造未来的陈述。

请相信我，这套方法很有效！它不仅对我有效，而且对成千上万的人都有效！

我读过数千本关于激发斗志和销售培训的书籍。在此我想和大家分享一个小窍门，让你能够在上班或进行销售演示（无论是内部销售还是外部销售）之前都保持最佳心情。

回家找个安静的、不受打扰的地方。躺下，放松，想想你一生中最快乐的时光。我是说，好好想想你生命中最重要、最幸福的时刻。重温那一刻，完全地体会旧事重现的感受，那一刻可能是你的初吻、你的第一次约会、你的婚礼，或者你的第一个孩子出生的时候。不管那一刻是什么时候，你都要在脑海中一遍又一遍地重温它。让那一刻在你的脑海和身体中翻涌。一旦捕捉到了那一刻，就把它锁进你的记忆库。

让我们来具体说明如何让这一刻为你所用：明天，或者在你的下次销售演示之前，或是当你将车开入停车场，接着关上车门时，车门关闭的声音引发你思考，随时随地感受你生活中最快乐的时刻！

现在你感觉自己回到了生命中最快乐的时刻，而它将在你的销售演示中流露出来，赋予你极大的热情。

热情是有感染力的！请散发出金牌销售员的热情！

要比客户更了解他们本身的喜好，能够真正预见他们想要的东西。

世界 500 强企业精英的商业智慧启发者杰克·米切尔
经典畅销书《拥抱你的客户》

强调产品能给客户带来的好处

在进入正文之前，我想先讲个故事来说明，强调产品能为客户带来什么好处，有多么重要。

☻ ☻ ☻ ☻ ☻

鼓舞人心的销售故事：儿子给我上的一堂销售课

那一天我永生难忘！

那是 1999 年 8 月 26 日星期四的早晨。我从未忘记那一刻，因为它将我塑造成了一名金牌销售员。

当时我和只有 4 岁的儿子一起看动画片。我们有说有笑地看着动画片，玩得不亦乐乎。那真是一段美好的父子时光。

不一会儿，我突然意识到该去上班了。于是，我对儿子说："爸爸现在得去上班了。"但是儿子正玩得高兴，不愿意让我离开。

儿子问道："爸爸，你为什么要去上班？"

这时，我拿出育儿技能的"杀手锏"，努力做个好父亲，开始对他讲起大道理："很抱歉，宝贝，爸爸必须出去工作。我已经跟同事约好了时间，我一定要说到做到。"

当然，这个解释不是他想要的。

他又问我："爸爸，你到底为什么要去上班？"

我仍然设法戴上庄重的"家长帽"，努力做个好父亲，竭力通过讲大道理来向他解释："儿子，做出承诺后，你必须遵守承诺，说到做到。你一定要做一个言而有信的人。"

毋庸置疑，他同样不喜欢这个解释。我所有的"高超"

育儿技巧在这一刻都变得不管用。

儿子依然一遍又一遍地说："爸爸，陪着我，陪着我。我不想让你去上班，留下来陪我一起看动画片吧。"

我当然很想陪着他，可是我该去上班了。

于是，我更加坚定地看着他，说道："儿子，爸爸现在必须去上班了！"

他也毫不动摇地看着我，又问了一遍："为什么你现在要去上班？"

这时，我把自己的育儿技能扔到一边，直截了当地对他说："爸爸得去上班，这样才能赚钱给你买玩具。"

没想到这句话改变了一切。我注视着他的眼睛，能够感觉到他的小脑瓜在迅速盘算着什么。能看得出来，他在认真思考我刚才说的话。当他意识到我需要外出工作才能挣钱给他买玩具后，一切都变了。他开始明白，我去上班对他来说是有好处的。

他放下手中的玩具，看着我说："再见，爸爸。工作愉快。等你回家后再陪我看动画片。"

　　我给了他一个大大的拥抱，然后去上班了。在他意识到我去上班对他有好处时，一切都在顷刻间发生了改变。这并不是说他不爱我，这是孩子的天性——他想要更多的玩具！

　　这个生活中的小插曲让我思考了一些原本我以为自己已经熟知的事情，这真的让我恍然大悟！你所有的客户都在心里暗暗想着，就像我儿子在这个例子中所想的那样——"这对我有什么好处？"

　　你要记住，一定要反复强调产品或服务能给客户带来的好处。让他们知道"这对他们有什么好处"！

客户购买的并非产品或服务，而是产品或服务给他们带来的好处！销售员需要强调产品或服务的利益和价值！

通过强调产品或服务能给客户带来的好处，激起客户对于购买产品或服务的渴望。如果客户对你的产品或服务有强烈的渴望，他们总会购买的。

我实在不想对你说出下面这句话，但它千真万确：起初，你的客户丝毫不在乎你。请一定要牢记这一点。当你向新客户演示产品或服务时，牢牢记住，客户的心里只有一个想法，那就是"这对我有什么好处？"这与我儿子在刚才的故事中所想的如出一辙。

你必须反复强调产品和服务能为客户带来的好处。

你是否听别人说过"我从未卖过任何东西"？

若是有人对我说这句话，我会接着问："你买过什么东西吗？"对方会说："那当然！"

我就会说："这样说来，其实你已经卖过东西了——你把自己给卖出去了！"好好想想吧。当你买东西时，你在想些什么？你在心里暗暗想着："这对我有什么好处？""如果我买了这个产品，它会让我看起来很不错，我的生活也会更惬意。对于我的未来或者我家庭的未来而言，这会是一笔明智的投资，会让我更有魅力、更快乐、更舒心"……诸如此类。

在你购买一个产品或者服务前，你会反复强调它可能给你带来的好处。

你为什么要买这本书？因为你觉得它可以帮助你成为一名优秀的销售员，从而赚到更多的钱，一跃成为公司的金牌销售员。你思考的最核心的问题是"这对我有什么好处？"

这也恰恰是你应该思考的问题！

你要始终如一地向客户强调产品或服务能给他带来的好处，比如它们可以为客户节省时间和金钱、可以在满足他们要求的同时又保证符合法律法规。

无论你的产品或服务能为客户带来什么好处，请不要忘记强调它们！你要提前做好功课，深度挖掘你的产品或服务将如何改变客户的生活，让他们更轻松。坚持这样做，你的产品或服务就会热卖！

掌握操纵人类动机与欲望的能力，就能说服消费者
购买原本并不想要的产品。

神经营销学之父戴维·刘易斯
经典营销作品《心理学家的营销术》

创造紧迫感，快速成交

紧迫感至关重要。

紧迫感至关重要。

紧迫感至关重要。

你理解我要表达的观点了吗？

想让客户立即购买，就要为销售设定时限

如果你不能对客户讲出理由，那么他们为什么要立即

行动？更确切地说，如果你不能对客户讲出理由，说服客户购买你的产品或服务，那么他们有什么理由去立即行动呢？这就是大多数人未能成功完成销售任务的原因，他们只是让销售无限期地持续下去，却没有给客户立马行动的理由！

无限期地持续营销会降低客户的购买热情。当你完成初次演示后，随着时间的推移，客户对你的产品或服务的热情会日渐消退，注意力也会转移。当然，的确有些产品或服务的销售周期较长，但你必须有某种期望的结果或时间表，这样才能成功完成销售任务。

客户"考虑"的时间越长，成交的可能性就越低

下面是一个关于创造紧迫感的简单案例。假设你每天早上 8 点左右开车去上班，路过了你最喜爱的商店。它可以是服装店、电子商店、百思买（Best Buy），或者其他任何一家商店。当你看到广告牌上面写着"所有商品一律五折"时，你会默默想着"哦，我得去看看这次大减价"。

第二天早上，当你再次开车经过这家最喜爱的商店，再次看到同样的打折促销广告，你还是默默地想着"哦，我得去看看这次大减价"。第三天，当你开车经过商店，看到广告牌上写着："五折优惠将于今天上午9点结束！"

你会立即猛踩刹车，然后下车走进这家商店。这是为什么？因为特卖会在上午9点结束，给了你立即采取行动的理由。你大约有45分钟的时间来享受这次大减价的折扣。如果你在上班前还没有光临这家商店，就会与这次大减价失之交臂。

你要对客户使用同样的方法：这项优惠本月底就结束了、那项优惠下月底就结束了。你必须给客户设定时限并讲出理由，让他们现在就按照你的提议采取行动，不然，他们将会很可惜地错失良机！

如果你在销售过程中没有设定时间限制，那么你距离成交就会遥遥无期。你必须给出理由或设定某种时间限制，促使客户马上采取行动，否则这次销售大概率会以失败告终。

重要提示！

创造紧迫感的示例：

- ⊙ "如果你不立即采取行动，它的价格在月底之前可能变为 ××，因为有传言说它会涨价。"
- ⊙ "如果你立即采取行动，我可以给你 ××……"
- ⊙ "如果能在月底之前完成这笔交易，我还可以给你额外的 ××。"
- ⊙ "如果使用我们的产品或服务，你每月都将额外节省 ××。"
- ⊙ "这项投资机会，只在 ×× 年之前。"
- ⊙ 适合从事房地产行业的读者："还有几个人也在看这房子；在 ×× 时间之前，我可以帮你保留。"
- ⊙ 适合从事保险行业的读者："这份保单现在的费用是每月 ××，价格随时会涨。"

现在，你应该明白我的意思了。想一想能让客户立即或在合理的时间范围内采取行动的理由，不要让客户流失。要知道，你的客户也不想错失良机。

$\ominus \quad \ominus \quad \ominus \quad \ominus \quad \ominus$

鼓舞人心的销售故事：创造紧迫感让客户背后的决策者迅速付款

开始做销售后，我多次向终端用户演示产品或服务，而不是向决策者。决策者往往是实际使用产品的人，而且是真正掌握资金的人！更加精彩的是，这些客户要求我为他们的决策者创造紧迫感！

实际上，有的终端用户会问我，是否可以创造某种形式的紧迫感，让他们背后的决策者或老板立即做出决定，这样他们就可以更快地获得我的产品或服务。

客户竟然能明白创造紧迫感对于销售的重要性！这种感受真是妙不可言！

对每个人来说，最重要的资产莫过于自己的"名字"。

美国前总统克林顿首席谈判顾问罗杰·道森

说服力宝典《绝对成交 2》

准确叫出客户的名字，次数越多越好

的确，对于一个人来说最动听的声音，就是别人叫出他名字的声音。叫出客户的名字格外重要。跟着我默念："今天，我一定要叫出客户的名字。"当你给客户打电话的时候，记得把客户的名字写下来，放到自己眼前，这样你就可以快速回想起客户的名字。

叫出客户的名字，次数越多越好。

每当我做销售演示时，至少会将客户的名字叫上 10 次。在 30 多年的销售生涯中，从来没有人对我说过"你叫我名字的次数太多了"，那是不可能的。起初，叫出客户的名字，可能会让你觉得有点不大自在，不过习惯了就好了。这会给你带来意想不到的好处，当然也能增加你的销售额！每当你叫出客户的名字，就是在与客户拉近距离、建立联系，还会让客户更关注你。

想想看，当有人叫你的名字时，你会怎么做？你会倾听。当别人叫自己的名字时，所有人的本能反应就是倾听。因此，当你与客户或任何人交谈时，如果你真的想表明自己的观点，首先要准确地叫出他们的名字，这样他们就会全神贯注地听你说话！

当你请别人做出选择的时候，记得要把你希望他选的方案放在最后。大多数时候，人们会选择最后听到的方案。

你可以这样说："约翰，你希望什么时候开始做这件事？""约翰，你觉得哪个方案最适合你，一年的、两年的，还是三年的？"

重 点 回 顾

想让客户认可你，最快的方式就是让他们笑。
切记，要让你的客户笑起来!

一定要反复强调你的产品能给客户带来哪些好处。
切记，无论它为客户带来的好处是什么，你都要
一直强调!

最动听的声音就是别人叫出自己名字的声音。
切记，叫出客户的名字，次数越多越好!

CHAPTER 2

第 2 章

如何让客户相信你

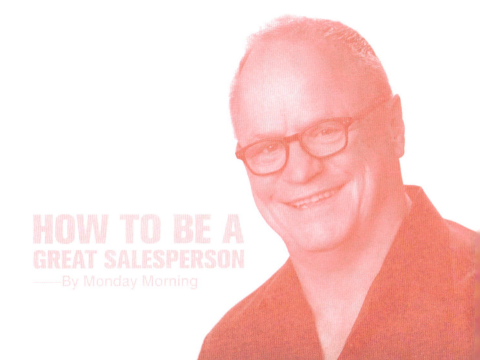

HOW TO BE A
GREAT SALESPERSON
——By Monday Morning

你愿意和一位事业有成的商人做生意，还是和一位平庸的商人做生意？当然是事业有成的。永远都要让自己看起来富有和成功，成功会带来新的成功！

推销的首要目标就是让对方无比兴奋地说"是"。

纽约房地产销售之神弗雷德里克·埃克伦德
房地产销售必读《逆势成交》

多设计客户会回答"是"的问题

在销售演示过程中，你始终都要问那些会让客户回答"是的"的问题：

"乔，是这样吗？"

乔会说：是的。

"丹宁，挺不错的，你说呢？"

丹宁会说：是的。

"斯泰茜，你知道这会为你节省大量时间和金钱的，对吗？"

斯泰茜会说：是的。

在销售过程中，客户说"是的"的次数越多，销售成功的机会就越大。

⊕ ⊕ ⊕ ⊕ ⊕

鼓舞人心的销售故事：摇椅促使销售额提升了 18% 的秘密

几年前，有人给我讲过一个故事：一家高端的 B2B 电脑零售店，能够提供顶级的产品或服务，但销售额却很低。

一天，这家店的老板决定在店里为客户安放摇椅，认为这样会让客户舒服些。客户坐在摇椅上听着销售人员对产品或服务的介绍，他的身体随着摇椅摆动，头也前后摇摆，就像是在表示"是的"。

是的！是的！是的！

你试过坐在摇椅上摇头说"不"吗？这大概很难办到。

这家店的老板，让客户在无意之中（也就是随着摇椅摇摆时）进入"是的"的状态。客户头部的摆动方向与表示"是的"时一样，这使他们的潜意识也处于一种"是的"状态。

客户变得轻松自在，处于一种"是的"状态，这使得销售额增长了18%。

是的！是的！是的！

在销售过程中，客户说"是的"的次数越多，销售成功的机会就越大！

如果你能越快说服客户做出决定，就越有机会达到你想要的目的。

美国前总统克林顿首席谈判顾问罗杰·道森
说服力宝典《绝对成交 2》

"现在就是最佳购买时机！"

在介绍的过程中，你要一直使用"现在就是最佳购买时机"这种说法。

"××先生/女士，我们正在开展促销活动，现在正是最佳购买时机。"

"现在就是最佳购买时机！我们有……"

使用"现在就是最佳购买时机"这一说法，更多的是在利用客户的潜意识，让客户建立这样的认知——现在购买很优惠、现在是购买产品或服务的最佳时机。

要试图成为能反映顾客需求的一面镜子。

世界 500 强企业精英的商业智慧启发者杰克·米切尔

经典畅销书《拥抱你的客户》

反复强调产品使用简单

你在演示或谈论产品或服务时，始终都要强调它们理解或使用起来是多么简单。

这里面有一些关键的心理因素在起作用。当你使用"简单"这个词时，相当于告诉客户"放轻松"。然后，他们真的会放松下来，对你的销售也不再那么抗拒。知道了你的产品或服务确实简单易用，客户就会真心接受它们。他们会放下戒备之心，从容地倾听你说的话。

客户心情紧张时，不会听你说话。他们表现得害怕、焦虑、不安，只会沉默不语。他们交叉双臂，用这种最常见的肢体语言暗示"我没有在听你说话"。在这种状态下，他们不会购买你的产品或服务！显然，我们可不希望这种情况发生。

如果客户认为某些东西难以使用，它们真的就会变得难以使用。

如果客户认为某些东西简单易用，它们真的就会变得简单易用。

因此，当你向客户演示产品或服务时，如果反复暗示它们很"简单"，就会使客户觉得它们真的很简单。相反，如果你给客户营造出一种"难以使用"的感觉，在客户的潜意识中，这些产品或服务就会变得难以使用。

所以，你始终都要强调，你的产品或服务真的简单易用。

如果客户处在一种沉默不语的状态下，你依旧试图向他们销售产品，就算你再怎么反复证明自己的产品是响当当的，也很难达成销售。

记住，强调产品简单易用！

一定要做出积极的假设，假设所有的事情都会进展顺利。

美国前总统克林顿首席谈判顾问罗杰·道森
国际经典畅销书《绝对成交》

假设销售：频繁使用"你的……"

无论你销售的是一套公寓，还是一双鞋，它们所需要的成功销售技巧都如出一辙，你只需要灵活使用"假设销售"的方法。

在"假设销售"时，你需要假设客户已经决定购买你的产品或者服务了，你只是在向他们演示如何正确使用。这一点非常重要，我再强调一遍：在"假设销售"时，假设客户已经决定购买你的产品或者服务了，你只是在向他们演示应该如何使用。

举例来说，"是的，×× 先生 / 女士，这是你的新公寓（或你正在销售的任何产品或服务），这是你的公寓安全系统的运作方式"或者"这是你的照明系统的运作方式"，诸如此类。

你只是在向客户演示如何使用"他们的"产品或服务。

你始终都要"假设销售"

你是否留意到，我在说"这是你的公寓安全系统""这是你的照明系统"？因为"你的"这个词有着极强的心理暗示作用。当你不停地说这是"你的"安全系统，这是"你的"照明系统时，客户会在潜意识里把你所演示的产品或服务，当成他们已经拥有的东西。你不停地说"你的"，就可以向客户的潜意识传递信息，让他们认为自己已经拥有了你的产品或服务。

客户会开始对你销售的东西产生占有欲，因为他们真的认为这是他们自己的东西。别怀疑，这一招真的管用。在销售过程接近尾声的时候，你要说："这是您的协议，而我现在需要您的同意。"

关于"同意"这一点，时机很关键，在客户开始考虑是否签署协议之前，快速问一个你知道他会回答"是的"的问题，例如"你确实喜欢这个公寓的安全系统，对吧？"

客户会说"是的"，处于这种积极的情绪状态中，会让他更愿意同意你的协议。

想要留住客户，请多多关注客户的利益！

稀有性是相当强大的说服工具，永远不要给客户无限的选择机会。

美国前总统克林顿首席谈判顾问罗杰·道森
说服力宝典《绝对成交 2》

试探性成交法：
暗示客户第三方会快速购买你的产品

这是我最喜欢的销售方法之一。

你需要让第三方发挥作用。

在演示或销售任何产品或服务时，一定要让客户知道，每个人都对你的产品或服务极为欢迎。每个人都在争先恐后地购买你的产品或服务。没有人愿意被冷落。还记得我们之前讨论过的害怕错过促销吗？没有人愿意错失良机。

想想你的成功经历。一定有某个时刻，你还没做完销售演示，就有人购买了你的产品或服务。你需要让自己的

"销售对象"知道这些。你可以向客户透露："我之前向别人销售这种产品时，有一次我还没做完演示，她就打断我说：'我就要这个了。接下来该怎么做？'"

这个销售技巧叫"试探性成交法"，颇有效果，它可以引导客户在销售演示结束前就对你的产品或服务感到"满意"。你肯定不希望销售过程拖得太久，使用这种方法，你可以轻松地让客户说出"好的，我就要这个了"。

如果用这个技巧没能让客户说出"我要买"，那就继续使用，多尝试几次。你得让客户知道，还有别人等着购买你的产品或服务。

第一次试用"试探性成交法"后，如果客户没有要购买的意思，你要记得继续演示你的产品或服务。当你介绍的相关信息越来越多，并演示出产品超棒的特性时，要再次对客户说："还记得我之前说的吗？有人在我介绍时就打断我说'我现在可以买吗？'现在就是这样一个千载难逢的时机。"

这是再一次对客户使用"试探性成交法"，同时也是再次引导客户说"好的，我要买"。

我无法告诉你在我的销售经历中，究竟有多少次客户在我的销售演示还没有结束时就对我说"我要买"。为什么他们会这么做？因为我向他们抛出了橄榄枝，引导他们说"我要买"。我把这个想法灌输到了客户的脑海里。

不要忽视暗示的力量，它真的很强大，"第三方成交法"和"试探性成交法"都很有效。大胆运用吧！

在销售过程中，客户说"是"的次数越多，销售
成功的机会就越大。
切记，要问客户会回答"是"的问题！

销售时，要让客户觉得现在购买很优惠、现在就
是购买产品的最佳时机。
切记，要说"现在就是最佳购买时机"！

如果客户相信你的产品简单易用，他就会真心接
受它。
切记，要不断强调你的产品简单易用！

CHAPTER 3

第 3 章

如何让客户喜欢你

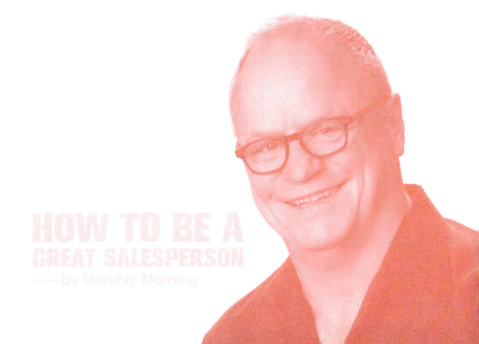

HOW TO BE A
GREAT SALESPERSON
——By Monday Morning

要记住"挖金子"故事里的那个人……他差一点就挖到金子了。他应该一直挖下去，他离挖到金子只有1.5米。但他很沮丧，于是就卖掉了矿。新老板多挖了1.5米就挖到了金子。坚持不懈是值得的！

即便客户在昨天，或者 1 小时甚至 1 分钟前曾拒绝
过你，也未必说明他一定会拒绝你下次的请求。

美国前总统克林顿首席谈判顾问罗杰·道森

国际经典畅销书《绝对成交》

"请原谅我如此坚持"：
说过无数次，也奏效过无数次

"请原谅我如此坚持"，这句话我曾说过无数次，也奏
效了无数次！想想看，当你第 7 次给客户打电话时，你会
觉得客户已经厌倦了你的消息。客户可能的确听腻了你的
消息，但当你知道某处有打折活动时，你依然需要鼓足勇气，
为客户带去好消息。

这绝对是个无价的窍门：如果你在通话中这样开场：
"比尔（记得叫客户的名字），我还是要联系你，请原谅我如
此坚持，因为……"无论你何时说出这句话，客户都会站

在你这边。以下是"请原谅我如此坚持"这句话背后的心理学原理：

首先，你对客户使用了"原谅"和"请"这两个词，使自己显得很谦逊。而喜欢与谦逊的人打交道是人类的天性。

其次，你是在为自己的职业和工作请求体谅。当你说出这句话时，客户总会这样回答："哦，这很好；你只是在做自己的本职工作，我尊重你。"

任何人都想知道你能为他做什么，而不是你为其他人做过什么。

纽约房地产销售之神弗雷德里克·埃克伦德
房地产销售必读《逆势成交》

将你的公司称为"他们"

有时候，用第三人称将你的公司称为"他们"是个上策。

想想看：客户在购买产品时，心里在想些什么？

首先，客户要拿起电话，在某些情况下，客户会给一家公司打电话。在另一些情况下，客户会随便走进一家公司，或者接到一家公司打来的电话。

此时，客户与之打交道的"公司"变成了一个庞大的、乏味的实体。现在，当你和客户交谈时，要像我们在前面的章节中提到的那样，不仅要准确叫出客户的名字，还要用第三人称"他们"来称呼你就职的公司。这会让你和你的客户在精神上觉得特别舒适，让客户和你建立起更密切的联系。

　　现在是你和客户一起与这个公司（而不是"你的公司"）打交道，而不是客户单独与它打交道。现在你可以这样说："他们上周有个特别活动，我觉得还是可以帮你争取到优惠的。"现在，你和客户是同一个阵营的。

给客户传递信息的方式是双方的良好互动，而不是一个人在那里长篇大论。

纽约房地产销售之神弗雷德里克·埃克伦德
房地产销售必读《逆势成交》

有人情味的销售，
让客户身心放松

　　没错，销售要有人情味。每次与客户交谈时，你必须牢牢记住他们的想法。

　　初次与客户交谈时，你对他来说只是个"实体"，是代表着一家枯燥无味的公司的传话者，甚至还有可能敲诈他。此时的你与一个有心跳的机器人并无两样。

　　要迅速让客户站在你这边。我之前提到过这一点，而它值得被一再提起：你必须能让客户顷刻间发笑，这样才能让他们站在你这边。再说一遍，想一些有水准的笑话。

问问你的同事，他们有没有行之有效的笑话。过一会儿，你的武器库里就会增加几个每次都管用的笑话。而这正是我所做的，反复地用同样的笑话。这些笑话也许同事们听我讲过无数遍，但是客户只听过一次！

咳嗽也是我们经常使用的妙招。在你与客户电话交谈时咳嗽几下，接下来，要讲"失陪一下"。这会让客户在潜意识中感受到，你和他一样，都是活生生的人，然后你需要向客户表示歉意，保持谦虚。

要记得，人们总是喜欢谦虚的人。通过做这些简单的事情，让客户知道，你和他都是活生生的人，这会让他感觉更放松。身心放松时才有购买的欲望！

还有，试着找出你和客户的共同之处。你可以在领英上查查看，挖掘他们的爱好，也许他们喜欢钓鱼、旅行或者划船。找出你与客户的共同之处，这种共同点会让你们彼此建立联系关系更为密切，进而建立信任。

鼓舞人心的销售故事：我的就医经历——富有人情味的治疗

我曾经做过一次治疗膝关节半月板撕裂的双膝手术。哎呀，真不好受！我在医院时极度紧张。

记得那是早上 6 点左右，工作人员似乎开始轮班了，他们看起来心情不佳。我焦虑不安，非常担心医生和护士仅仅把我当成他们众多病人中的一个来对待，我不想让他们只是把我当作 30409 号（我腕带上的号码）病人，而是希望得到有人情味的对待，这样此次"就医"就会更加人性化。

通过逗笑客户、咳嗽和表达歉意，你会变得有人情味，还可以和客户建立联系。

所以，我想起了"逗他们笑"，接下来我也是这样做的。由于我需要做双膝手术，于是我当着所有护士和手术助理的面问我的医生："沃克医生，既然我要做双膝手术，你能不能让我长高一点？"大家听后都捧腹大笑。

请原谅我的俏皮话，但我只是想说我逗笑他们了。自那以后，在医护人员的眼里，我不只是 30409 号病人，他们称我为"风趣的家伙"。

手术室里的气氛一下子变得轻松了，现在大家似乎都心情舒畅，这让我感到愉悦。我因为逗笑了他们，所以得到了一个小小的额外待遇！请原谅我再说一句俏皮话，但笑无疑是最好的良药！大胆运用吧！

销售的动力除了物质驱动外，还有骨子里发出的冲动和欲望。

全美最受热捧的销售顾问迈克·舒尔茨
世界 500 强企业内部培训教材《绝对成交话术内训手册》

"成为第一名"的强烈渴望，
创造一个又一个奇迹

驱动力和强烈的渴望是成功的关键因素。请注意，我并没有简单地说"渴望"，我说的是"强烈的渴望"，因为有"强烈的渴望"的人可以创造奇迹。

我可以写一整本书来讲驱动力。你的驱动力是什么？你是否渴望成为金牌销售员？之所以我这么问，是因为金牌销售员可以收获金钱、赞誉和福利。

四分卫佩顿·曼宁（Peyton Manning）的驱动力是什么？他难道是因为需要钱才坚持打橄榄球吗？绝不是。四分卫汤姆·布雷迪（Tom Brady）的驱动力又是什么呢？他难道是因为需要钱才坚持打橄榄球吗？绝不是。在迈克尔·乔丹的篮球生涯中，支撑他的驱动力是什么？他难道是因为需要钱才坚持打篮球吗？绝不是。

这些伟大的运动员并不是为了钱而比赛，是为了赢得比赛！这是他们的激情所在，欢乐所在。他们是为了比竞争对手多收获一枚冠军奖杯而参加比赛。这些人都是伟大的冠军。他们不仅是斗士，而且怀有强烈的渴望，他们渴望成为自己所在领域的第一名。

那些伟大的世界冠军并不是为了钱而比赛。"了不起的销售员不是为了钱而销售吗？"同样，了不起的销售员也不是为了钱而销售。我知道这个答案对你来说有点奇怪，但的确是这样。

了不起的销售员是为了赢而销售！他们专注于荣誉！他们想成为金牌销售员！他们不是为了钱而销售，而是为了成为第一名！了不起的销售员知道钱会随着成功的销售而来，所以他们不会担心钱的问题。

不要忘记展现你最好的一面。它一直都存在，现在让它迸发吧。专注于成为第一名，其他一切都会随之而来。

⚬⚬ ⚬⚬ ⚬⚬ ⚬⚬ ⚬⚬

鼓舞人心的销售故事：每个月我都和公司的劲敌竞争第一名

我曾经在一家销售组织工作，每个月都在和某位先生竞争公司的金牌销售员。为了赢得第一名，我们每个月都要奋力拼搏。有时他是第一，有时我是第一。那是 20 年前的事了，尽管竞争激烈，但我们相互尊重，时至今日都是非常要好的朋友。

在我们竞争时，我从未想过要赚多少钱。满脑子都是"我怎么才能打败这家伙？"他真的是个劲敌！我晚上会躺在床上睡不着觉，想着新的销售策略，任何能让我捷足先登的策略。当时我从未考虑过钱的问题，而只是想赢！

钱总会随之而来的。我不是为了钱而工作，而是为了成为第一名。我是一个勇于竞争的人，这世界上所有令你钦佩和尊敬的伟人都是如此。我们谈论的是胜利者，是那些比赛中的冠军。因为你在读这本书，所以我知道你会是胜利者，你想要领略登上巅峰的滋味。

这就是我要告诉你的，我相信你也已经明白了。如果你是公司中的金牌销售员，其他一切几乎都会随之而来。你能拿到高薪、荣誉，并受到同事和领导的尊重。因为说实话，任何头脑正常的企业主都不会让金牌销售员离开。所以，你还有了工作保障。

可以借助颜色、声音、气味、空间与设计，以及销售人员或销售机器与消费者的互动等，影响消费者的潜意识。

神经营销学之父戴维·刘易斯
经典营销作品《心理学家的营销术》

有意识地与潜在客户建立潜意识联系

下面可能是我将要讨论的最有难度的话题之一：有意识销售和潜意识销售之间的区别。

几年前，我看了一部电影，其中有一个场景是两个人在公园的长椅上交谈。和我们一样，他们是在有意识地闲谈：谈论天气、谈论彼此看起来有多么迷人，以及当天的新闻事件等。一个人对另一个人说："你穿的毛衣很好看。"这是我们所有人都会用"意识"去进行的闲谈。

现在来看一下真正精彩的部分。他们一边在有意识地闲谈，屏幕上一边播放着字幕，透露出这两人"真正"在想些什么，也就是让你知道他们的潜意识里的想法，也就是我们的内心告诉我们的事情。

当男子对女子说"你穿的毛衣很好看"时，屏幕上的字幕却透露了他的真实想法："我不知道她是否觉得我帅，我想知道的是我们以后会不会做爱。"

当女子对男子说"天气真好，不是吗？"时，旁边的字幕却是"我希望他觉得我很漂亮，而他可以试着换个发型"。显然，这两人"真正的想法"与他们意识中的想法截然不同。

当你下次与客户交谈、闲聊或"有意识地"谈话时，要记得，你们的潜意识已经有了密切的联系，你们在潜意识里早就讨论过相关的事实了。

当你下次与潜在客户交谈时，你要与该客户的潜意识建立联系。你要专注于这部分潜意识内容，让它与销售内容融为一体。

你越能接近客户的潜意识，忘记"天气怎么样"之类的话题，你们就越有可能达成交易，毕竟事实来自潜意识。

你可以试着让客户的潜意识向意识传达信息，让它去购买你的产品或服务。

这个方法在生活中同样适用。你和自己的潜意识越和谐一致，你就会越快乐。你的潜意识会向你披露真相。

再说一遍，你潜意识的"想法"才是你真正的直觉。不要无视它，因为我们通常不喜欢从潜意识中听到的想法。

重 点 回 顾

所有人都喜欢与谦逊的人打交道，因此，在销售时说出"请原谅我如此坚持"往往会打动客户。

切记，说出"请原谅我如此坚持！"

让客户相信你和他是同一个阵营的，他就会更愿意和你打交道。

切记，在客户面前要将你的公司称为"他们"！

没有人愿意和例行公事的销售员打交道，客户喜欢有人情味的销售员。

切记，做销售时要有人情味！

CHAPTER 4

第 4 章

如何主导销售进程

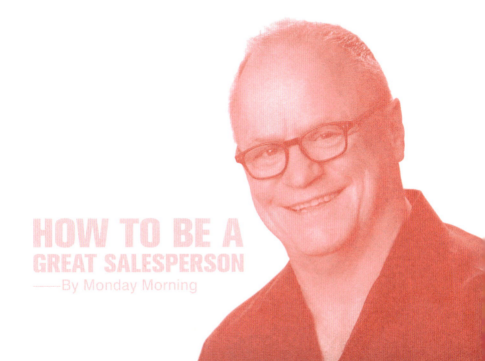

HOW TO BE A
GREAT SALESPERSON
——By Monday Morning

你就是要站在最高处！我从第一份销售工作领略了顶级销售员获得的所有奖项和荣誉。很显然，高处的风景美不胜收。

客户愿意帮助我们，他们关心我们，希望我们干得更好。

世界 500 强企业精英的商业智慧启发者杰克·米切尔

经典畅销书《拥抱你的客户》

多问"你能帮助我吗？"，
千万不要说"帮我个忙"

千万不要拜托客户或任何人"帮我个忙"。每当你拜托别人"帮我个忙"时，他们转头就会想："当然可以，好啊，是什么事？我该如何竭尽所能地帮他呢？他究竟对我有什么要求？"他们马上就会感到沉重的负担。

可是，想要对周围人伸出援手是人类的天性。人们乐于帮助别人，这会让他们自我感觉良好。以刚才的"帮我个忙"为例，假如你换个问法："不知你是否能帮助我？"他们的回答十有八九是"当然，我很乐意"。这样一来，你既能得到别人的帮助，又能让帮助你的人自我感觉良好，而且你不会欠别人一个人情。

人们乐于帮助别人，所以你要经常问"你能帮助我吗？"我很难告诉你具体有多少次，我因为说出这句话而取得了可观的成效。这种事在我的职业生涯中上演了很多次，比如说，客户宁可用发票付款，也不愿用信用卡付款。当然，我比较希望他用信用卡付款，是因为它是即时的，不必等待支票。

我想你也有过这样的经历：你给客户开了一张发票，然后你想知道什么时候能收到支票。会在这周吗？还是在下周呢？是下个月，还是两个月后？你的发票上可能有收到货30天后付款的条件，但我们都清楚，客户并不总是按你的规则付款。而我接下来讲的方法一定能解决你的困扰，那就是给寄发票的人打电话，询问他是否能"帮助我"解决一些问题。

我告诉付款客户，应收账款部门向我询问付款情况。于是，我给客户打电话或发电子邮件询问："我这边有件事，能否请您帮助我？您能向我提供一下付款情况吗？这样我就可以通知应收账款部门了。这对我帮助很大。"请留意，我用了好几次"帮助"这个词。

想要对周围人伸出援手是人类的天性。千万不要拜托别人"帮我个忙"，要多请求帮助，才能得偿所愿。

然后，我得到了客户的回复："哦，当然可以，非常乐意，让我查查。"有很多客户在查看了付款状态后，回复我"你的发票放在某某的桌子上了。我已经安排好了，你可以在星期五之前拿到钱。"

如果我是让客户"帮我个忙"，可能不会这么顺利。

"帮助"是一个蕴藏巨大能量的词语！大胆使用吧。

销售人员要懂得提一个好问题，并用更多的时间来倾听。

全美最受热捧的销售顾问迈克·舒尔茨

世界 500 强企业内部培训教材《绝对成交话术内训手册》

多问开放式问题，借此留住客户

要多问开放式问题，比如：

谁？

做什么？

在哪里？

什么时候？

为什么？

怎么做？

比如"我应该与谁联系?""我们下周几点见面?""我们下周在哪里见面?""我们什么时候开始下次会议,下午还是上午?""我们为什么不现在就开始呢? 这样我就可以把我们谈过的折扣(促销)给你们了,你们下周就可以立即运作了。""你下一步想怎么做?"

再说一遍! 上述问题中的"什么时候?"这一点值得再次提及。"我们什么时候开始下次会议,下午还是上午?"不管是下午还是上午,**在让客户做选择的时候,记得把你想要的选项放在最后**。就像前面提到的,人们通常会选择最后听到的选项。

请留意,我不会说"你想跟进吗?"而会说"你想什么时候跟进?"如果你给客户的选项是"是"或"否",销售可能就会戛然而止了。

而询问"什么时候"可以让销售继续下去,这样你仍然有和客户打交道的机会,你可以借此留住客户,让他们注意到你和你的产品或服务。如果成交的可能性很渺茫,客户是因为你问了"什么时候"才让你跟进的,而他们只是没有合适的机会结束这次销售过程，那也没有关系。通过问"什么时候"，你会获得额外的时间。如果你需要更多的时间来想办法获得销售机会，那么你就应该给客户更多的时间。

就像参加即兴表演课，老师会叫你一直即兴表演下去。不要说"不"，一旦有人说"不"，即兴表演就结束了。

想象你和客户是在芝加哥"第二城"即兴剧团（Chicago Second City Improvisational Theater）参加即兴表演的课程。你和客户都在饰演角色。不要让客户说"不"，因为那样你的即兴表演就会结束。让客户说"好的"，继续你的即兴表演（销售）。

记得问开放式问题！

当客户不知道该如何做出决定时，要帮助他们建立更加良好的自我感觉。

美国前总统克林顿首席谈判顾问罗杰·道森
国际经典畅销书《绝对成交》

你要让客户感受到：他有幸能与你交谈

你的客户很幸运，因为你在与他们交谈。你必须这样想。如果你觉得与客户的交谈不尽如人意，那么客户又怎么会觉得与你交谈是幸运的呢？

你的客户特别幸运，因为他们能与你交谈。

要记得，你的态度决定了客户的态度。

为什么说客户是幸运的呢？因为你为客户提供的产品或服务，会使他的生活为之改变！会为他省钱！会为他节省时间！会让他在老板面前表现得更好，以至于能有机会升职加薪！

我想你的客户特别幸运，因为他们能与你交谈。

思虑周密地帮助客户解决问题，会得到他们的高度赞赏。

世界 500 强企业精英的商业智慧启发者杰克·米切尔

经典畅销书《拥抱你的客户》

遇到无法立即给出答案的问题，怎么办

　　设想一下，在你进行销售的时候，你的客户问了一个问题。碰巧的是，你对这个问题的答案没有百分之百的把握，你可能得花点时间认真思考后才能回答。

　　当你的客户问了一个你不想立即回答的问题时，你可以说："谢谢您的这个问题。如果您仍坚持自己的想法，那我们稍后再探讨这个问题，我会非常乐意为您解答的。"

　　你的客户会非常乐意等待，因为你以友好、专业的态度请求他等一等再谈。

现在，继续做你正在做的事情。继续你的销售，但是你要一边销售，一边在脑海里思考这个问题，如果对方再次提起它，你就要给出回答。而客户十有八九会忘记问过的问题，所以你也不必太着急。

有一点是可以肯定的：不论客户是否再次提及这个问题，你都确实希望给出回答，因为你想提供更优质的服务。可能有一天，客户会突然意识到，他提出的问题从未得到回答，这样一来他就会大失所望。所以，你一定要回答客户的问题。

假如在销售接近尾声时，你还不能给出回答，这也无可厚非。但是你必须经过一段时间的研究，这就是再次跟进客户动态的理由。

有个窍门也许能帮你赢得客户的好感。如果你夜不能寐，或者你甚至想把闹钟设为凌晨2点，那么请致电客户的公司并留言，让客户知道你仍在思考他的问题。

告诉客户，第二天你会很忙碌，这就是你在凌晨2点打电话的原因，但你想确认自己回答了他的问题，以便他能在第一时间得到答复。客户会非常高兴,因为你回答了他的问题。他还会因为你在凌晨 2 点还想着他、花时间给他打电话而感到对你留下深刻印象。

沉默成交是一种非常有趣的策略，你只需要在做完演示后就闭嘴。

美国前总统克林顿首席谈判顾问罗杰·道森
国际经典畅销书《绝对成交》

把握"停止销售的时机"，直奔成交

把握停止销售的时机很重要，这是我需要经常提醒自己的事情。当你正在做销售演示的时候，你和客户都心潮澎湃！你已经接收到对方的购买信号，一切都表明你可以销售、销售、再销售！而这就是问题的所在：你在持续地销售、销售、再销售！

倾听客户给你的购买信号。客户已经准备好购买了，他的购买信号很强烈。

在电视真人秀节目《鲨鱼坦克》（*Shark Tank*）中，我多次听到商界大佬们告诫人们在销售中要"掌握好停止销售的时机。如果不能把握停止销售的时机，你就是在出卖自己！"

作为销售员，我们都会在某些时候情绪激昂。在"一切顺利"的气氛中，我们往往会陷入其中而不能自拔。我们从客户那里得到的都是购买信号。一切都表明他要买、要买、要买，但我们要知道什么时候应该直奔成交的主题。

比如，当你钓鱼时，你会凭借第六感知道应该在什么时候收起鱼竿，让鱼儿咬钩，将它钓上来。你仅仅是"凭感觉"！和钓鱼一样，你成交的次数越多，你的直觉就会越准，就会越"有感觉"。

把握停止销售的时机，直奔成交的主题。对于新手销售员来说，这是金玉良言；对于经验丰富的专业人士来说，这也是有力的提醒。

尽可能多地做演示或讲说。使用本书中的成功销售技巧。不知不觉间，敏锐的成交直觉就会成为你的第二天性。你会把握"停止销售的时机"，然后直奔成交的主题。你甚至都不需要考虑，自然而然地就会做到。**销售中最有趣的时刻，就是进入"自然而然"状态的时刻。此刻你不用思考，只管去做。**

亲爱的朋友，这是你进入最佳状态的时刻！

你可能听说过，处于最佳状态的篮球运动员是不会出现失误的。球员在篮球比赛中有"热手效应"，这正是因为练习、练习、再练习的缘故！

销售也是如此，你必须练习、练习、再练习。你练习得越多，做起来就越得心应手。还记得我之前所讲的潜意识和意识的区别吗？你在销售的时候，基本上就是在用信息和销售技巧等因素影响客户的潜意识。

在做销售演示时，你需要跟随自己的潜意识，也就是心底的声音。这样你就不必"思考"了，因为"思考"常常会妨碍你。进入潜意识层面后，信息会自然地涌现，此刻的你已经进入自动导航模式。你不用思考，只管去做。这就是你开始销售的时刻。

当你进入最佳状态后，请跟随内心的声音！

　　当伟大的音乐家演奏音乐时，他们并没有在"思考"。所有的音乐都是潜意识的流露。那些伟大的音乐是如何出现在他们的潜意识中的？答案是练习。练习销售技巧，这样你就不必"思考"，就可以拥有准确的销售直觉。

一切皆有可能，但不能结单的交易，
就消除了销售中最重要的可能。

你不能被动等待，而应该引领销售，而不是被任务牵着走。

世界 500 强企业精英的商业智慧启发者杰克·米切尔
经典畅销书《拥抱你的客户》

你永远都是"拜访者"，
而不应该是"被访者"

要记得，你就是安排后续活动的那个人。你永远都不该是"被访者"，而应该是"拜访者"。

当你与客户谈论接下来的拜访时，只需告诉他："好的，我会安排接下来的会面。那么，什么时候是去拜访您的最佳时间呢，下午还是上午？"

请留意，我用"上午"这个词结束了问题，那是因为我想在上午拜访客户。**要记住，人们通常会选择他们最后听到的选项。记得把你想让客户选的选项放在最后。**

重 点 回 顾

用正确的方式向客户寻求帮助，既能得到好处，又能让客户感觉良好。

切记，不要说"帮我个忙"，要说"请帮助我"！

问开放式问题可以让谈话继续下去，可以保持客户对产品的注意力。

切记，多问开放式问题！

你的客户很幸运，因为你的产品会为他省钱、省时间，让他在老板面前表现得更好！

切记，让客户相信他很幸运！

CHAPTER 5

第 5 章

如何缩短销售周期

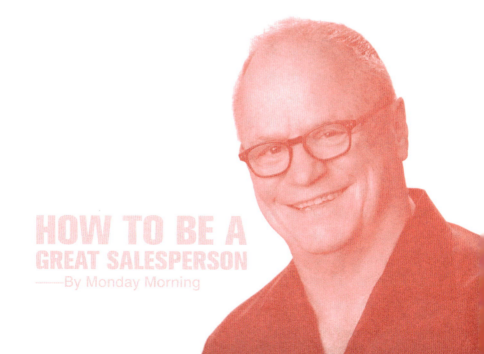

HOW TO BE A
GREAT SALESPERSON
——By Monday Morning

重要的不是你花了多长时间，而是你在这期间花了多少心思。

"现在就剩这些了。" 无论你销售的是什么，都需要创造紧迫感。

> 全世界的消费者都对价格十分敏感，他们会一直密
> 切留意便宜货的身影。

> 神经营销学之父戴维·刘易斯
> 经典营销作品《心理学家的营销术》

让客户对最终价格感到惊喜

一些人觉得，从演示或讲说过渡到产品或服务的定价，这个过程让人觉着为难。

其实，这件事轻而易举。

完成销售演示后，你要记得询问客户："您还有什么疑问吗？"如果客户回答"没有任何问题"，你可以说"太好了"，接下来你应该说："现在，为了让您开始使用您的新产品，我要告诉您用户名和密码，然后您就可以开始使用了。"在某些情况下，你也可以说："我们现在要做的是准备好

协议，这样便万事俱备了。而价格方面的问题十分简单。"

接下来就是有趣的部分了：在告知价格之前，你得让客户知道，如果单独购买每一件产品的话，他会花多少钱。

比如你可以这样说："我为您介绍的每一样产品，如果分开购买，产品的价格大约是 X 美元。但是，如果购买全部产品，价格仅为 Y 美元。"

对客户来说，你的产品价格要么偏高，要么偏低。如果你的工作方法正确，客户就会倾向于认为价格偏低。

在整个销售过程中，你要让客户觉得你最终给出的产品价格会很高，只有这样做，当你告诉客户最终价格时，它才会显得很低。你可以在销售时说："如果你单独购买这部分产品（服务）的话，价格就是 X 美元（高昂的价格）。如果你单独购买其他部分产品（服务），价格是 Y 美元（另一个高昂的价格）。"

你要让客户觉得，你的产品或服务的最终价格将是极其高昂的。然后，在销售接近尾声时，你可以这样说："由于您将购买全部的商品，所以定价仅为 Z 美元。"

当客户听到你的产品或服务的总价时，你要让他感到如释重负，感觉真的赚到了。

如果能以实惠的价格购买到一件垂涎已久的单品，就会在精神上出现一种陶醉感。

在制造紧迫感的同时，要编织一个美好的梦想。

纽约房地产销售之神弗雷德里克·埃克伦德

房地产销售必读《逆势成交》

如何激起客户强烈的渴望

"我买不起"是借口，"这不在预算中"是借口，"我没有时间"也是借口。

每当你听到这些借口时，要知道，其实客户是在告诉你：你没有为他们购买你的产品或服务注入强烈的渴望。

如果客户有强烈的渴望去购买你的产品或服务，什么都无法阻止他们。他们总会找到办法的！

正如我们之前提到的，你要通过建立联系、热情接待、挖掘利益和创造紧迫感等技巧，激起客户"强烈的渴望"。

当客户对你说"我没有时间看你的产品或服务"时，你要好好想想该怎么回答。

若是你对客户说"如果我给你 100 万美元，你会看一下我的产品或服务吗？"他当然会说愿意，他们现在会有 100 万个理由这样做。

当客户对你说"我不想看你的产品或服务"时，他们的言外之意是"我不想看你的产品或服务"，因为有渴望的人总会有时间的。

要想激起客户心中强烈的渴望，你需要对他们的公司和他们的需求做一番研究。找出你的产品或服务可以为客户填补哪些"漏洞"，并不断强调填补这些漏洞能带来哪些好处。如果他们能清楚地知道你的产品或服务将如何改善他们的生活，那么你就不必担心销量了。

积极倾听是一种可以学习并且在实践中应用的技能，想要了解客户，一个重要步骤就是学习积极倾听的艺术。

年产值达百万美元的妈妈企业家琳赛·蒂格·莫雷诺

可复制、可落地的商业实践指南《财富自由笔记》

留心倾听客户说"再见"的方式

倾听在电话交谈中尤其有效。回想一下我们之前讨论过的潜意识交谈和有意识交谈。

当你与客户或任何人交谈时，你既是在进行有意识的交谈，也是在进行潜意识的交谈。再说一遍，有意识的交谈是"天气怎么样？"还有"你好吗？"之类的闲聊。潜意识的谈话是我们真正的想法，例如"我确实喜欢他的声音和诚恳的态度，但是他真的知道自己在做什么吗？"

当你与客户进行这些精妙的有意识和潜意识交谈时，

请记住，你的客户也和你一样，在装模作样。大多数时候，这是一种客套的交谈，一种精妙的有意识交谈。

到了与客户道别的时候，你要安排跟进时间，要记得，你永远是"拜访者"，而不是"被访者"。学会集中精力关注客户的声音，你就会察觉到他们的真实感受。谈话可能是这样的：

> 你："好的，约翰，我接下来会给你发一封跟进电子邮件，附上你的报价和我们讨论过的所有事情的详细信息。约翰，你可以打电话回复我；或者我再来拜访你，你什么时候比较方便，下午还是上午？"

再说一遍，记得在最后提出你想要的时间。

> 客户："那就上午吧。"
>
> 你："哪天？什么时间比较方便呢？"
>
> 客户："本周四上午 10 点半就可以。"

你："好的，约翰。本周四上午 10 点半再见。我现在把那封电子邮件发给你，周四我们再谈。约翰，很高兴与你交谈。"

客户："我也很高兴与你交谈。"

你："再见，约翰。"

客户："再见。"

客户说的最后一声再见是非常重要的！

你应该专心致志地倾听客户说再见的方式，因为客户说再见的方式能够反映他们的真实感受。

这正是心理学发挥作用的时刻。当你说"约翰，很高兴与你交谈"时，客户会说"我也很高兴与你交谈。"这时，客户就觉得谈话结束了。他们并不认为"再见"这一词是谈话的结束，他们心中所想的"很高兴与你交谈"才是谈话的结束。

在说完"很高兴与你交谈"这句话之后，客户的意识就封闭了起来，他就会用潜意识（真正的感觉）说出"再见"。

如果客户最后说了一句坚定、乐观的"再见"，那反映的就是他潜意识的感受是坚定而乐观。你的工作做得相当出色！你确实让客户对你的产品或服务产生了跃跃欲试的感觉。

如果客户在整个谈话过程中都很客气，那么到最后，客户说的"再见"会弥漫着疏远而难以捉摸的感觉，低调且冷淡。这个是在告诉你，想赢得这个人的支持，依然任重而道远。**要记得：潜意识告诉意识该做什么，你需要掌控客户的潜意识。你能做得到！**

顺便说一下，我之所以反复提到约翰的名字，是想提醒你：叫出客户的名字。

谈判，就是要实现微妙的平衡，只有达成"协议"，交易才算完成。

纽约房地产销售之神弗雷德里克·埃克伦德
房地产销售必读《逆势成交》

请客户签"协议"，而不是"合同"

我深知"合同"一般必须被称为"合同"，尤其是在法律界。但是也有例外，在条件允许的情况下，你最好始终把"合同"称为"协议"。因为"合同"这个词有强大的约束力，让人望而生畏。

千万不要说"如果你签合同的话……"，不要让客户"签署合同"，而是让他"同意协议"。"协议"能让一切变得更温和、更平静、更美好、更容易，也更亲切！你和客户只是有一个"协议"。

哪个听起来更好?

　　"如果你愿意签署合同……"

还是

　　"如果你同意这个协议……"

我更愿意"同意"一份协议,而不是"签署"一份合同。

当你请求客户"同意协议"时,需要深深地凝视着对方。如果你看到他的目光转移了,或者在思考,就要马上提出

如果能够在销售过程中引导消费者的积极情绪,就能显著增强他们想购买商品的意愿。

一些积极的想法，因为你快要失去这个客户了。

你刚才的销售陈述中，确实有一些东西吸引到了客户，因此你需要再次回到这个话题，这样客户的想法就会回到你的产品或服务的亮点上。

要记住，在结束销售时，你必须掌握客户的想法。

你需要让客户所想的是你希望他想的，你要引导他的思维过程。

通过提醒，让客户想起他喜欢你的产品或服务的亮点，此时客户会再次感到开心。

看到他感到开心，你就可以说："好的，让我们尽快着手吧。"然后立即问"你希望什么时候交付产品？"或者"你想什么时候搬进来？"（适合房地产行业的读者）

总而言之，你要做到：

1.把客户的注意力从"同意协议"上转移开，因为在你请求他这样做的那一刻，你看到他有些犹豫不决。

2. 让他回想起你的产品或服务的亮点和他们的"快乐之源"。

3. 引导他现在就做出决定，确定交付产品或提供服务的时间。

此时你们聚焦的就不再是协议，而是交付产品或提供服务。

销售时，你要让客户觉得最终价格会很高，这样，当你告诉他最终价格时，他就会感到惊喜。
切记，要让客户对最终价格感到惊喜！

没有买不起的客户，只有不想买的客户。如果客户对你的产品有强烈的渴望，那么什么都无法阻止他。
切记，激起客户心中强烈的渴望！

与客户道别时，要集中精力关注他的声音。因为客户说"再见"的方式能够反映他的真实感受。
切记，留心倾听客户说"再见"的方式！

CHAPTER 6

第 6 章

如何持续提高销售业绩

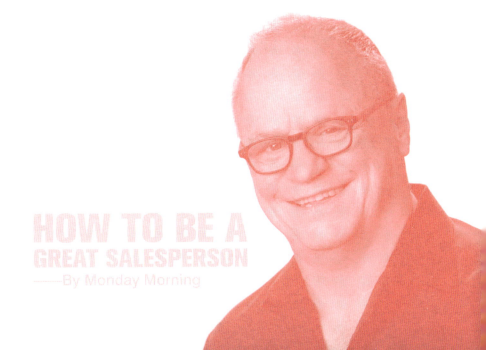

HOW TO BE A
GREAT SALESPERSON
——By Monday Morning

聆听并借鉴顶级销售员的销售技巧时，要把这些销售技巧融入你自己的风格之中。你最终通过你的产品或服务让别人的生活变得更好，你可以在自己的余生中一直保持这种价值感。

当需要就某个问题做决定时，人们倾向于推迟和拖延，稀缺性能迫使他们做决定。

全球企业家和营销人员顶级培训师杰夫·沃克
《纽约时报》畅销书 NO.1《浪潮式发售》

巧用欲擒故纵

几年前，我想买一艘小帆船。我当时看上了一艘小型的入门级帆船，我想可能要花三四百美元。我是在报纸上看到这艘船的广告的。请记住，它是在报纸上登的广告，而不是在克雷格列表（Craigslist，一个大型分类广告网站）或其他网站上。就像我说的，这是很久以前的事了。

总之，我去了卖帆船的人家里。我敲了敲门，一位和善的女士打开了门，她看上去什么都卖不出去，接着我介绍了自己。随后她走出房子，礼貌地带我去看她的帆船，顺便说一句，那艘帆船就放在车库旁边的地上，这并不是演示产品的好方法，这再次向我暗示，她不知道如何更好地销售产品。

在她给我看她的帆船时，我心里暗暗想着："是的，看起来不错。可我真的要购买吗？我需要弄一辆拖车，这样我才能将船放到水里或拖到岸上。这艘船看起来有点小，也许我应该等等，买艘大点的。"

所有这些疑问都在我的脑海里闪过，但同时我也在想："嗯，这可能会很有趣。我可以先用这艘小帆船学习，终有一天，我会换艘更大的帆船。"

我对那位女士说："我得想一想，然后答复你。"她说："好的。"我告诉她，几天后会给她回电话。

几天过去了，我还在纠结："我要买这艘船吗？这会很有趣吗？还是带来的麻烦很多，不值得买？"我来回踱着步，最终我再一次打电话给那位女士，问她我是否可以再看一次。

她说："当然，没问题，过来看吧。"

　　傍晚时分，我去了她家。我再一次看着这艘帆船，心里又在暗暗想着："是不是太麻烦了？我是不是应该等一等，弄一艘更大的船？"

　　我就是拿不定主意，于是再一次对她说："我要再考虑一下，然后答复你。"

　　几天过去了，我又给那位女士打了电话，问她能不能再让我过去看一看那艘船。她说："当然，过来看吧。"

　　接下来是有趣的部分……

　　我又一次带着同样的疑虑去了那位女士的家。当我到了她家时（我肯定她现在已经对我感到厌烦了），她看着我说（准备好，这是精彩的部分）："哦，我丈夫决定不卖这艘船了。"

　　我震惊地说："什么！这艘船我已经看了两个星期了！你告诉过我它是要卖的，你说我可以买下它，现在你又说不卖了？你不能这样做事！我认为这不合理！"

　　她看着我说："请等我一下，我给我丈夫打个电话。我没想到这会让你的情绪如此激动。"

几分钟后，她给丈夫打完电话回来说："我丈夫说可以，这艘船可以卖给你。"

我说："那太好了。我认为这样才合理。"我立即支付了费用。于是，我拥有了一艘小帆船，这让我得意扬扬。

当我开车回家，想着这艘小船将带给我的乐趣时，我突然茅塞顿开。

是我自己要买的！我原以为对销售一窍不通的善良女士，竟是一位了不起的销售员。她将我的态度从不确定是否要买推向了抢着购买！

我居然坚持让她把帆船卖给我！

这艘帆船变成了"热销"船！

当她把船卖给我后，我感到无比快乐。与某些人的想

争抢一件商品的人越多，每位竞争参与者想要得到它的渴望就会越强烈。

法截然不同：实际上，人们是很想被说服的。人们常想："就把这个卖给我吧，好让我知道怎么才能让我的生活更轻松。"

任何人都可以使用"欲擒故纵"的销售技巧，就像那位女士对我做的那样，她先让我以为我买不到她的帆船了，因为她的丈夫决定不再出售。虽然我们必须小心翼翼地使用这种方法，但它确实有效。我可以很高兴地说，这对我很有效，因为那艘小船让我获得了不少乐趣！

有时，你必须让客户知道，你不能再向他们提供你的产品或服务了。如果你一直对客户紧追不舍，而最后告诉他们"很抱歉，我无法将产品卖给你了"，将会发生以下两种情况：

1. 客户说："我想买，我们再商量商量吧。"

2. 客户说："好吧，那就这样吧。"

无论发生哪种情况，你都是赢家，因为你在让客户做出决定。这样做，你至少可以得知客户感兴趣的程度，并据此重新安排方案。你也可以干脆放弃这位客户，转而去找其他对此感兴趣的客户，这样可以节省自己的时间。

"欲擒故纵"这种方法确实很有效。有位客户这样对我说："等等，请保留这个报价，让我再考虑考虑，我认为我们可以达成交易。"

于是我给出了销售的最后期限。

限定首批商品的供给量，能够加强客户在购买时体验到的兴奋感。

客户会非常喜欢被恭维的感觉，从而会享受你的产品或服务。

美国前总统克林顿首席谈判顾问罗杰·道森
国际经典畅销书《绝对成交》

要说"没那么贵"，不能说"更便宜"

我认为，和大家分享我刚做销售时的实战经验，能够很好地解释"没那么贵"和"更便宜"之间的区别。

那时我 21 岁，在俄亥俄州托莱多的一家高档珠宝店当销售员。那可能是当时中西部最高档的珠宝店了，名称是马克斯·戴维斯珠宝行（Max Davis Jewelers）。马克斯·戴维斯和他的妻子经营着这家珠宝店。他们有好几家珠宝店，但大部分时间都待在我工作的总店。

那真是一份难得的工作！就是在那里，我这个 21 岁的小伙子，向中西部的亲切居民卖出了价值5 000美元、10 000美元、50 000美元、80 000美元甚至更贵的钻石和珠宝。许多要结婚的情侣会走进店里购买结婚戒指。当富人需要一条项链来搭配晚宴上的礼服时，他们会走进珠宝店，然后不假思索地花掉几千美元。

我觉得自己挺棒的，一切都在我的掌控之中。我在珠宝行业如鱼得水，经常开着一辆拉风的新跑车四处兜风，这辆车是我在大学期间卖空气过滤器时，用赚取的佣金全款购买的。我们都很喜欢拿到佣金，不是吗？

接下来是有趣的部分……

一天，我向一对年轻情侣介绍了一枚价值10 000美元的订婚戒指。他俩欣喜若狂，你可以感觉到空气中散发的爱意，我也很兴奋——大家都兴奋不已！

通常，对于那些购买珠宝的人来说，钱不是什么大问题，但这次是特殊情况，这对年轻情侣需要考虑钱。察觉到了这一点，我看着他们说："如果10 000美元超出了你们的预算，我可以介绍更便宜的。"

碰巧，珠宝店的老板戴维斯夫人和她的丈夫马克斯·戴维斯就站在我旁边，听到我说了"更便宜"这个词。戴维斯夫人拥有中西部最大的高端珠宝连锁店，属于上流社会。戴维斯夫人听到我说"更便宜"这个词时脸色一定变紫了。

我接待的那对情侣确实从我这里买下了一枚价值 4 000 美元的订婚钻戒（我需要提一下），但他们刚离开珠宝店，确切地说，在这对情侣离开珠宝店的那个瞬间，戴维斯夫人看着我说："戴维，我需要你来我的办公室一趟。"

我心里暗暗想着："哦，我惹大麻烦了，但我不清楚原因。"我还想着"我不想丢掉这份工作"。

我这个 21 岁的小伙子，站在一家有空调的高档珠宝店里，拿着不错的底薪和佣金。我想这对任何年龄段的人来说都是一份收入可观的工作。通过戴维斯夫人语气中的严肃劲儿，再加上她的脸色，我就能知道，她是非常严肃地想和我谈谈。

我走进了她的办公室。她转过身来看着我，用非常严厉的语气说："戴维，千万不要用'便宜'或'更便宜'这样的词！'便宜'这个词意味着，你给别人介绍的东西质量低劣，它没多大价值。这背后的心理是，一旦客户的脑海中出现了'便宜'这个词，那么你提供的所有产品或服务就可能都是'廉价'或'劣质'的。把'便宜'和'更便宜'改为'没那么贵'。这颗钻石与那颗相比'没那么贵'。这条项链与我之前给你看的那条相比'没那么贵'。千万不要说'更便宜'，要说'没那么贵'。"

你可以说任何话，但你说话的方式可能会让你付出代价。

于是我开始用"没那么贵"来替代"便宜"和"更便宜"之类的词，结果我的销售额猛增了23%。

这真是价值不菲的一课！直到今天，我都没再用过"便宜"和"更便宜"这两个词。

这些年来，我甚至难以想象自己因为这堂宝贵的课，获得了多少销售额。

谢谢你，戴维斯夫人！

没能取得预期效果时，不要让痛苦延续下去，纠正错误才是关键。

世界 500 强企业精英的商业智慧启发者杰克·米切尔
经典畅销书《拥抱你的客户》

愚蠢的销售话术：
"你不买……是因为买不起吗？"

虽然没有人愿意看到交易失败，但总会有这样的情况。当你真的交易失败，而那笔交易的损失还在你脑海中挥之不去的时候，你需要把自己当成那个差点就决定成交的客户，复盘整个销售过程。

如果有必要，就记下笔记，问问自己："我还能做些什么来赢得这笔交易呢？""我可以说些什么？我还有什么可以使用的技巧吗？"

记住：想一想奖金，想一想成功完成的交易。保持积

极的态度！不要因为销售失败而沮丧。大笔的交易指日可
待……坚持下去！

从来没有失败，要么赢，要么成长。

这笔交易，完全是个意外。

很多年前，我还在上大学时，就做起了上门销售空气
过滤器的工作，当时老板总是让我们问客户他们购买或不
买的原因。他总是让我们去一下办公室，说出卖出的原因，
或者没卖出的原因。

我不建议任何人效仿我将要告诉你的事情，那是我曾
经做过的事，我那时还年轻，经验不足，但我真的做成了
一笔交易。

我为桑顿夫妇做了产品演示。他们来自中西部小镇，
很友善。我当时在他们家里做了产品的完整演示。完成销
售流程后，桑顿先生没有购买空气过滤器的意愿。然而，

他的妻子看到了产品的好处，有意愿购买。可是，无论我怎么努力，桑顿先生都看不到产品的好处。

所以，我坦率地对他说："我回到办公室后，老板会问我没能把空气过滤器卖给你的原因。那么，桑顿先生，你能简单地告诉我，你为什么不买吗？"

别忘了，我当时很年轻，也缺乏经验。我很真诚地问桑顿先生："你不买空气过滤器是因为你买不起吗？"

我这么问不是想让他难堪，其实我是想表现出一点同情心。直到如今，想起当时说过的话，我还是感到很不舒服。

接下来是有趣的部分……

我问桑顿先生是不是买不起，无意中伤害了他的自尊心。他看着妻子说道："玛莎，去拿支票簿！"他当场就给我开了一张支票。没用信用卡，没用分期付款，而是给我开了一张支票！

我刚才说过，我不会建议你采用这样的销售技巧：直截了当地问客户是否买得起，因为你并不想摆出一副居高临下的姿态。这件事确实让我吸取了宝贵的教训。

只要桑顿先生接受我的产品，他会很高兴的。开完支票后，他镇定自若，他的妻子兴奋不已，他也满意，一旦克服了内心的尴尬，我也感到愉快。

皆大欢喜！一切都很美满。

我从这件事中学到的是：有时候你就是要敢于推别人一把，让他承认自己需要某件东西。没人推他一把，他就过不了那个坎。有时候，接受某件事可能有点困难，而一旦你做到了，万事都解决了。

你曾多少次犹豫着要不要进入游泳池？一开始你不想进去。你试试水温，水很冷。你心里想着，"不，我不要进去。"然而，泳池里的每一个人都在劝说你："进来吧，好极了，进来吧。"

最后，同伴的压力接踵而至，你真的进入了游泳池。

一旦你真的做了，跳进游泳池，你就会感到快活！就像你朋友说的：一切都很美好，你也觉得：嘿，这真不错。

很多时候，伟大和幸福就在恐惧的另一边，你必须穿越恐惧。真正的人生，从离开舒适区开始。

> 如果你拒绝蜗居于舒适区，你就能时刻保持进攻状态，应对一切来自销售的挑战。

有时候你就是要敢于推别人一把，让他们承认自己需要你的产品或服务。因为只要你能让客户承认，99.999%的情况下，客户都会非常满意！你的任务完成了。现在，你的客户可以放松身心，享受优质的产品或服务。而你得到了一位新客户的满意！祝贺你！

至于桑顿先生，之所以他买了我的空气过滤器，是因为我当时不假思索地问他是不是买不起，让他感到难堪，所以他才买了下来……然而，我们后来成了好朋友。他和他妻子从我这里得到了优质的产品，享受到了产品带来的好处，而我争取到了一位新客户，桑顿先生还和我一起去喝了一杯！

　　双赢。就应该这样。

　　我钟爱销售！

伟大的销售是带来双赢局面的合作！

> 建立伟大的领导风范是世界上最好的说服技巧。
>
> 美国前总统克林顿首席谈判顾问罗杰·道森
> 说服力宝典《绝对成交2》

如果你是全能销售冠军，必定能吸引更多明星销售员

我担任过几次经理，在做销售培训时积累了一些宝贵经验。

当你让所有的销售代表聚在一起参加每周的销售培训时，可以玩一把"什么对我有用"的游戏。让房间里的每位代表轮流发言，说出"什么对我有用"。

每位代表坐在同事与伙伴面前时，都想要搞出点名堂，他们想让自己看上去更神气，而这种活动能激发团队合作。让销售代表们在销售培训结束时进行投票，谁想出了最振

奋人心的销售技巧，便会赢得某种形式的奖励。

这样一来，他们整整一周都会乐此不疲，希望与同事们分享自己的成功销售技巧，也愿意倾听同事们的，这将快速提高每个人的销售能力。

我经常听到销售代表们谈论销售部门的决定是否公平，在我接触过的所有销售部门中，顶尖的销售员都能得到额外的津贴。

再重复一遍：顶尖的销售员都能得到额外的津贴。这很公平！如果销售员想要得到额外的津贴，就必须努力学习，刻苦工作，爬到排行榜的顶端。津贴就在那里，只有勇攀高峰者才能拿到。

我做这一切的主要目的是构建销售模式、鼓舞士气和培养团队精神。我相信，人人都是赢家！

我之前说过，我有 30 多年的成功销售经验，直到今天仍然在做销售，以后也仍会做销售。

我的目标就是竭尽所能地帮助你，以便使你和你的销售团队富有成效。拥有一支"全明星"级别的销售队伍，才能吸引到更多明星级销售员。

其实，明星级销售员就在那里，等待机会加入。如果他们听说你是销售领域的领军人物，而且你的团队里有明星级销售员时，他们就会主动投到你的门下，成为你团队的一员。

30 多年销售经验，此刻我都倾囊相授

我现在要告诉给你一些销售方面的金玉良言。

哪怕这些建议中只有一个对你有用，你的销售额都会因此而增长！

1. "现在就剩这些了。"无论你销售的是什么，都需要创造紧迫感。

2. 向客户销售产品或服务后，你要问问他们最喜欢你的产品或服务的哪一点。

3. 密码——始终要设置有进取意义的用户名和密码，

比如："我是赢家 1 号""我是进取 1 号""今天的销售 1
号""未来的销售 1 号"。

4. 了不起的销售员总是想"名列前茅"，奖金总会随之
而来。

5. 重要的不是你花了多长时间，而是你在这期间花了
多少心思。

6. 你愿意和一位事业有成的商人做生意，还是和一位
平庸的商人做生意？当然是事业有成的。永远都要让自己
看起来富有和成功，成功会带来新的成功！！

7. 拜访客户之前，你要对着穿衣镜问问自己："我愿意
和这个人做生意吗？"答案最好是"是的！"

8. "如果你认为这值得你去做，那就去做。"——好
莱坞事业成就奖获得者西尔维斯特·史泰龙（Sylvester
Stallone）

9. 要记住"挖金子"故事里的那个人……他差一点就
挖到金子了。他应该一直挖下去，他离挖到金子只有 5 英
尺。但他很沮丧，于是就卖掉了矿。新老板多挖了 5 英尺

就挖到了金子。坚持不懈是值得的！

10. 你始终都要想着奖励。在自己周围各处贴上图片，提醒自己想要什么或想成为什么样的人。

11. 你就是要站在最高处！我从第一份销售工作领略了顶级销售员获得的所有奖项和荣誉。很显然，高处的风景美不胜收。

12. 聆听并借鉴顶级销售员的销售技巧时，要把这些销售技巧融入你自己的风格之中。

13. 永远都要信任你的产品或服务。当有人称赞你是多么了不起的销售员时，你要告诉他们，这都归功于你的产品或服务。始终要将你的产品或服务的好处烙印在客户的脑海中。

14. 成为"可信赖的顾问"。（请参阅下面的故事。）

☻ ☻ ☻ ☻ ☻

鼓舞人心的销售故事：从销售员变身为可信赖的顾问

至此，本书差不多迎来尾声了。

我很乐意与你分享成功销售技巧，这些技巧会让你的客户接受你的产品或服务。他们会同意你的产品或服务的相关协议；他们会向你递上信用卡，或者给你寄支票来购买你的产品或服务。你将获得巨大的成功。

可是，你最终的目的不仅是成为客户的"销售员"，还要成为他们"可信赖的顾问"。世界上应该有一个叫"可信赖的顾问"的头衔，如果有人问"你是做什么工作的？"你就可以回答："我是一位可信赖的顾问。"

一个可信赖的顾问需要真正关心客户的需求，把客户的利益放在第一位。可信赖的顾问是真实且真诚的，你的客户会感受到这一点的。一旦你的身份从销售员变为可信赖的顾问，你就一举成功了，那意味着你将拥有终生顾客！

我给你举个例子吧。

我完全没有时尚感，一点都没有。记得几年前，我走进一家服装店试穿衬衫，然后我走近旁边的陌生人问："请问你觉得我穿这件衬衫好看吗？"我现在仍觉得这种做法很可笑，但由于没有时尚感，我只好变得机智一些。

被我问这个问题的人会看向我笑着说："是的，看起来不错。"所以，参照他们的意见，我买了这件衬衫，带回家让我妻子看看，她却说："你在想什么？那件衬衫看起来糟透了。"好吧，在服装店向陌生人征求意见的做法就到此为止吧。

还有一次，我想买一件衬衫，于是去了本地特价购物中心的一家男装店。我走进店里试穿衬衫，向店里的销售员问道："打扰一下，你觉得我穿这件衬衫好看吗？"

她看着我，毫不犹豫地说道："不。"尽管这听起来可能有些难以置信，但我的第一反应是"你说'不'是什么意思？"信不信由你，有那么一瞬间，我感觉自己受到了侮辱。然后，她接着说："你穿那件衬衫不好看，但穿这件会好看的。"

　　然后她递给我一件衬衫，我去试衣间试穿了一下。在服装店的三向落地镜前照了照，心里暗想："我觉得这件应该不错。"我转过身，又一次问销售员："你真的觉得我穿这件衬衫好看吗？"

"直言不讳"会为你树立起真实、诚实的口碑。

　　你会喜欢她的回答的。她说道："是的，当然啦。你穿这件衬衫确实很好看，让你看起来更年轻、更苗条。"

　　她真是位很精明的女士，她在强调这件衬衫为我带来的好处，顺便说一句，我非常开心听到这两个好处。所以我买了这件衬衫。

　　然而，我心里还是在想："我穿这件衬衫真的好看吗？"就像我说的，我完全没有时尚感，但她确实说我穿上很好看。她看起来穿着得体，说话认真，所以我相信她的话，买了那件衬衫。我并不想表现得很自负，但是和其他人买东西时一样，我希望它看起来不错。

接下来是故事的精彩部分……

因为我妻子出门了，我无法得知她对我新衬衫的看法，于是第二天我就穿着新衬衫去上班了。同事给我的评价是"哇，衬衫不错""你在哪里买的这件衬衫？""你穿的这件衬衫很不错"。

于是，大约 3 天后，我又去了卖给我衬衫的那位梅根女士那里，我问她："你有搭配衬衫的裤子吗？"

她说："当然，就在这里。"

我试了试裤子，她说："看起来棒极了。"

我不打算反驳她，她已经用这件衬衫证明了自己。然后她说："这里还有一件运动夹克可以搭配你的衬衫，会很好看。"

我买了夹克和裤子。大约两周后，我穿着整套衣服（衬衫、裤子和夹克）去参加一个活动。同事们都在说："漂亮的夹克，漂亮的裤子，你看起来棒极了！"

我第一次见到梅根大约是在 10 年前，直到现在我还是会去找她购买所有的衣服。梅根从我的服装销售员变成了我信赖的顾问。我每次都按照她的建议选衣服，因为她已经证明了自己。

你与客户就是要成为这样的伙伴，你要成为客户信赖的顾问，他们将终生与你相伴。

每当有服装特卖会，梅根都会给我发电子邮件，而且这些年来我也向她推荐了很多客户。

最后的叮嘱

最后，我想说，每当你看到有人比你的销售额高，而且似乎总会获得成功时，请记住，这个人只是掌握了一些你不知道的技巧。就这么简单。

这并不能说他比你聪明，他只是知道一些你不知道的东西，而你要做的就是找出那些东西到底是什么。

你需要与那些销售额超过你的人交朋友。你如果想成为赢家，就必须与赢家为伍。

在销售生涯中，每当我换一家新的公司做销售时，我的第一个问题始终是"你们的前三名销售代表是谁？"在弄清楚了前三名是谁后，我会很快和这些人成为好朋友。

我逐渐了解他们，也逐渐了解了他们的家庭情况。我会分别邀请这些顶级销售代表共进午餐。绞尽脑汁地想要找出他们成为顶级销售代表的原因。

当我发现他们成为顶级销售代表的原因后，我会把这些发现融入我自己的销售之中。换句话说，我会把他们最棒的销售技巧变成我自己的技巧。

有人可能会说"这不是在窃取创意吗？"我的回答是，没错。任何出色的销售培训师都会告诉你要"光明正大地窃取"！

你认为顶级销售代表的想法是从哪里来的？他们的想法也是从别人那儿来的。大家都在"借鉴"别人的观点（如果你更喜欢这个词的话）。音乐家、演员、艺术家——每个人都会借鉴别人的想法。

聪明人能够找到卓越者，效仿卓越者！

卓越成就卓越！

通过阅读本书，你终将掌握"卓越"的销售技巧，这将使你事半功倍！

祝你销售愉快！

重 点 回 顾

大胆使用"欲擒故纵"的销售技巧。无论客户最终如何决定，你都是赢家，因为是你在让客户做出决定。

切记，欲擒故纵！

你要做的是服务客户，而不是伤害客户的自尊，不能让客户觉得自己买不起好的产品。

切记，要说"没那么贵"，而不能说"更便宜"！

交易难免遇到失败，此时你需要复盘销售过程，问自己："我还能做些什么、说些什么？我还有什么可以使用的技巧？"

切记，交易失败后及时复盘！

后　记

今天你全力以赴了吗

　　这些年来，我一直生活在离工作地点仅 10 英里的地方，这很幸运。我之所以说自己很幸运，是因为我之前有很多年的通勤路途十分遥远。

　　由于上下班路途很短，儿子上小学、初中和高中期间，我都能送他上学。每天早上送他到学校，每当他下车时，我都希望他那天能全力以赴做好自己该做的事。我对自己也抱有这样的期望。

　　每天工作结束后，我都会停下来问问自己："今天我全力以赴了吗？"我会在脑海里重温这一天。也许有一件事我本可以做得更好，也许另一件事也可以做得更好；我也会为自己做得很棒的事感到自豪无比！那是最快乐的时刻！

　　永远都要花点时间重温你度过的这一天，从当天的得失中学习，这样，第二天你的销售能力就能进一步提高！

致　谢

致谢读者：

我首先要感谢的是本书的读者，因为如果没有你们，这本书肯定写不出来。写这本书的时候，我一直在想着你们，虽然我们从未谋面，但能与你们分享我 30 多年来的销售经验，我很难表达自己有多么荣幸和激动。

我明白，我的经验可以让你们的销售知识领先同行数年，使你们成为更优秀的销售人员，这对我来说意义非凡。客户将因你们的知识而有所收获，这同样令人欣慰。

致谢家人：

我还要感谢我的妻子勒妮（Renee）和我的儿子卡梅伦（Cameron），因为你们每天都会给我灵感。

致谢本书试读者：

感谢乔·贝内斯基（Joe Berneski）、博比·埃吉尔（Bobby Edgil）、贾森·奥特林（Jason Otrin）、丹宁·弗兰科（Denine Franco）、罗恩·塔克菲尔德（Ron Tuckfield）、史黛西·史密斯（Stacey Smith）、娜塔莉·兰德（Natalie Rand）、苏珊·布罗迪尔（Susan Brodeur）和艾比·韦伯（Abbie Weber）。

感谢玛莎·布伦（Martha Bullen）的才智与建议。

你们的帮助和支持弥足珍贵。

名人面对面 1

戴维·库克（左）、杰克·坎菲尔德（右）

《心灵鸡汤》《吸引力法则》作者杰克·坎菲尔德 与戴维·库克的访谈

杰克·坎菲尔德（Jack Canfield，以下简称"坎"）：大家好，欢迎来到本周的成功讨论节目，我是主持人杰克。

今天我们请到了一位很棒的嘉宾：戴维·库克。戴维是一位销售大师，他写了一本很棒的新书，叫作《绝对成交销售加速手册》。我认为这本书值得一读，它也会让你成为了不起的销售员。

再强调一下，戴维是一位国际畅销书作家，这本书已经在上市几周之内就成为亚马逊上的畅销书，有人说这本书是销售必读书中的前 10 名，我听到后很高兴。

仅仅几个月后，戴维就被许多领导者视为销售培训领域的权威，而此前他已经在企业界各个岗位上工作了 30 多年，拥有非常成功的履历，他是我们寻找到的一位大师。

现在有请戴维向我们讲述如何成为一名了不起的销售员。

戴维·库克（以下简称"库"）：首先谢谢你，杰克，谢谢你认同我的想法。

坎：销售是每个人都应该学习的东西，我想你也是这么认为的。

库：是的。

坎：和我们谈谈你最近出版的这本书吧，好像每周都能卖出 1 000 本。

库：是的，每周 1 000 本。

坎：你认为它为什么会如此成功？

库：因为我是以一种真正的对话风格来写这本书的。很多人给我发了电子邮件："戴维，你这本书的所有内容都很有意义，我想和你认识一下。"

坎：书中的章节大部分都是三四页，全部是非常实用的方法。举个例子来说，也许有人读了你的书后会说："哇，我用得上这个，它能为我带来改变，看来我真的得到了一些好东西。"

库：谢谢。谈起你提到的这个问题，真是太神奇了。我的书是 2017 年 3 月出版的，1 个月后，我收到一封从德国发来的电子邮件，发件人感谢我写了这本书，还说他非常喜欢这本书。我当时非常兴奋，感觉自己的书走到了德国。

　　大约又过了 1 个月，我再次收到了那位读者发来的电子邮件，他说："戴维，利用从你的书中学到的方法，我今天签下了一笔 75 万美元的订单。"他还说，作为一家初创公司的成员，我现在确实非常需要它。

　　这真的让我感到很高兴。

　　还有一位读者给我发来电子邮件，写道他从这本书中学到了很多之前不知道的东西。我收到了很多电子邮件，有些是经验丰富的销售员发来的，他们也感谢我写了这本书，他们说自己已经遗忘了一些有效的销售方法，但看了我的书后再次想起了它们，并利用这些方法提高了销售额，他们为此感到兴奋。所以说，无论是销售新手，还是经验丰富的专业人士，他们都很喜欢这本书，我真的很高兴。

　　坎：具体来讲，如果一名销售员读了这本书，他能够获得什么好处?

　　库：好问题。销售员读了这本书后，可以学会如何提高他的销售额。这本书的写作目的就是让你周末读了它，星期一早上上班时，就可以立即使用书中的一系列销售技巧。

而且我想特别指出的是，这本书平均每节都只有两三页，我是特意这样设置的。因为我已经读过上千本销售类的图书，你知道，很多书中每一章都有 18 到 20 页。当你读完那章，回想自己到底学到了什么时，往往会发现脑中的信息杂乱无章，感觉自己什么都没有学到。因此，我在写这本书时就计划把每章都写得很简短。

读者在阅读这本书时，随时都能找到他们真正需要的重点内容。比如，这本书的开头能让读者笑起来，因为那正是他们需要做到的第一件事。所有销售员首先要考虑的都是让客户笑，因为客户笑起来后就会放松下来，客户放松下来，才会有意愿去听销售员在说什么。

有的销售员说，他们希望在第一时间与客户谈业务，而我觉得他们至少需要在见面时花一点时间让客户笑起来，哪怕只有 7 秒。

为了能够笑起来，观众每年花费数百万美元看喜剧演员的演出，其实客户也有这种心态："想让我付钱给你？我会付钱的，但你要先让我笑起来。"想要与客户成交，就必须让你的客户笑起来，让他们放松下来，让他们敞开心扉。

有时，我并没有在销售，但我处在销售状态中，这时我也会让别人笑，然后他们就会立刻放松下来，他们就会说："戴维，你想喝点什么？"客户们都喜欢有趣的事物，所以你要做的第一件事就是让客户笑起来。

坎：你在访谈开始前给我讲了一个故事，当时你说，无论我们从事什么工作，其实都在做销售。

库：是的。在大学时代，我曾兼职卖空气过滤器，需要去客户家中销售。每次走进客户家后，我都会准备好所有设备，一切准备就绪后，我看着客户，说："对不起，您介意我脱下西装外套吗？"他们一定会同意的，于是我脱掉外套，转身问客户："我穿的衬衫不是后背破洞的那件，对吧？"然后他们就笑了，他们真的会喜欢我这么说，有的客户还会问我想不想喝一杯。让你的客户笑起来，放松下来，他们就会对你接下来要说的话更有热情。

在销售时，我还有 3 个百试百灵的方法，我称之为必做的 3 件事：热情高涨、强调你能给客户带来的好处，以及创造紧迫感。

热情是十分重要的，只有你自己先热情高涨起来，客户才能对你和你的产品产生热情。

我在很多地方工作过，这些地方的人们都会说："哦，热情，你必须热情起来。"但是他们从来没有告诉我怎么才能做到热情。

不过我最终知道了如何做到热情，我在这本书中写了很多使自己热情高涨的建议，**我现在可以给你做一个快速提示：如果想让自己立即热情高涨，你可以立即回想自己一生中最快乐的时刻，可能是你的初吻、你的婚礼或你的孩子出生时。**每个人都有最快乐的时刻，想着那个时刻，锁定它，将它放入你脑中的"储存库"。

当你继续销售时，或者是你打出下一个销售电话时，或者是你与客户交谈时，想想你一生中最快乐的时刻，然后"叮"的一下，你就会变得热情高涨。每当想到一生中最快乐的时光，你都会变得热情高涨。

想让客户满意，你还可以采用其他方法。接下来我们谈谈第二种方法：强调你能给客户带来的好处。

杰克，讲到这里我真的很兴奋。

作为销售员，你无论如何都需要给客户带来好处，这是极其重要的，因为人们不会购买他们不需要的产品和服务，而且相比产品本身，他们更看重的是这些产品能给他们带来什么好处。

假如我现在销售的是棒球，我可以只对客户讲这个棒球的质量很好吗？不可以。因为人们真正在乎的不是棒球本身，他们并不关心棒球的皮革和缝线，他们关心的是他们能从这个棒球中得到的好处。他们关心的是能够和自己的孩子打球，他们希望自己能够打出全垒打。这样一来你就清楚了，你要卖的不是棒球，而是它能给客户带来的好处，你可以这样和客户说："你可以和你的孩子一起玩棒球，你还有机会打出全垒打。"

我们接下来要讲的方法就是创造紧迫感。

你必须尽可能快地向客户提供一个立即行动的理由，因为如果你不这样做，他们就会想"我下周再做也可以"。这样一来，成交就会变得遥遥无期，你计划中的销售额也会成为泡影。

你需要尽快向客户提出立即行动的理由，例如，"您看我们是否可以这样做？如果我们能在月底前完成这笔交易，我就可以给您额外的折扣。"你需要设定一个截止时间，因为如果不这样做，客户就永远不会下决心购买你的产品。

我现在要告诉大家，创造紧迫感十分重要，创造紧迫感的能力是优秀销售员和顶尖销售员的分水岭，只有顶级销售员才真正懂得如何创造紧迫感，必须给客户一个时间限制。

当然，重要的销售方法并非只有热情高涨、强调你能给客户带来的好处和创造紧迫感。我们接下来要说的也十分重要，那就是叫出客户的名字。

对于所有人来说，最动听的声音就是他或她的名字。当有人叫出你的名字时，你会怎么做？你会倾听，这是人的本能，当你叫出某人的名字时，他会停下来，比如当我叫出"杰克"时，你就会停下来听我讲话。

因此，如果你希望客户在你讲解演示文稿时发出惊叹，就在销售过程中反复叫出客户的名字，这样他就能够始终对你说的话保持注意力。

坎：你为什么会写这本书？

库：好问题，谢谢你。我想那是在 2015 年，我听到一种说法：所有人都应该写一篇自传，写下他们自己的故事，以便孩子们更多地了解他们。我也开始认真考虑这点，我想这是一个好主意，然后我考虑将自己拥有的这些销售方法写下来。

我一直都很幸运，在销售方面非常成功。

在过去的 30 年中，我工作过的每个公司都能让我感到自豪，我还经常出入各种首席执行官俱乐部。

我真的一直很幸运，所以我觉得自己需要写出一本书，让我的儿子了解我所知道的一切，所有这些销售知识，我都想传递给他，而且我也确实有话要说。我之前本可以让他的生活更轻松，但我却没有做到，我一直对此深感遗憾。

写这本书时，我真的就像是在为儿子而写一样，把我知道的所有东西都放了进去，读者们会感受到的。就像我在不久前的一次采访中说的，我知道态度为本书注入了灵魂。

坎：问一个有名的问题：当你将要去世时，只有一个选项，是把钱留给你的孩子，还是把你所有的智慧留给孩子？

库：绝对是智慧。无论做什么工作，他们都可以用智慧赚到钱。

坎：我知道你想对自己所处的行业做出贡献，我很喜欢这种想法。那么，对于销售员以及想成为销售员的人，你有什么建议给他们吗？

库：好吧，我想提的一条建议就是，你要做的不只是成为一名销售员，而是要超越自己，成为值得客户信赖的顾问，向他提供值得信赖的建议。

我给你举个例子，大约 6 年前我在某家服装店里的经历就是一个这方面的例子。我当时拿起一件衬衫，想知道它是否适合我，我看到有位女士正在缝衣服，就过去问她。她说："您穿这件衬衫不合适"。然后她找到另一件衬衫递给我，说这件更适合我，于是我试着穿上了。她说："这件看起来不错，它让您看起来更年轻。"我最终买下了这件衬衫。

让我们回到之前谈过的话题，买这件衬衫，我真正购买的是让我显得年轻的"好处"。事实证明我买对了，我穿上这件衬衫上班后，所有同事都走过来对我说："这件衬衫真不错。"

几周后我又去了那家服装店，我找到那位女士，问她有没有可以搭配这件衬衫的裤子和外套，她也向我推荐了，我立刻就买下了它们，穿上之后效果确实很棒。

所以，她向我证明了自己的能力，现在她是我在服装方面十分信赖的顾问。我现在需要什么衣服，就会直接去找她，她拿出几件衣服，说它们能给我带来什么好处，我应该怎么穿。然后我会直接付钱，说"好的，谢谢，再见"。我非常信任她，每个人都想要一个真正值得信赖的顾问。

总之，客户的利益才是最重要的，你的客户会十分看重这一点，一旦你成为客户信赖的顾问，你就会拥有一位终生客户，所以，努力成为值得信赖的顾问吧。

坎：不要只想着做买卖，要去获得终身客户。

库：是的，绝对是这样的。

坎：世界上的每个人都需要了解销售方法，掌握了它，你将有能力卖出 75 万美元的产品或服务，就像那位德国的读者。我非常喜欢这本书，它太实用了，谢谢你把它写得如此易懂。请关注这本书，戴维·库克的《绝对成交销售加速手册》。谢谢你，戴维，非常感谢你接受我们的访谈。

库：谢谢。

名人面对面 2

TEDx 演讲教练杰弗里·博温德
与戴维·库克的访谈

杰弗里·博温德（Geoffrey Berwind，以下简称"博"）：现在我和国际畅销书作家戴维·库克在一起，他是《绝对成交销售加速手册》的作者，你写了一本很棒的书，戴维。

戴维·库克（以下简称"库"）：谢谢。很高兴见到你，杰弗里。今天在这里，我将有问必答。

博：《绝对成交销售加速手册》是你出版的第一本书，它被选为销售和市场营销类十大必读图书之一，在亚马逊上也获得了很多好评。这本书现在已经售出了数万册，被翻译成不同的语言，在世界各地发行。

这些都是惊人的成就，往往只有经验丰富的作者才能做到这些，而你在出版第一本书时就做到了，你对这些惊人的成就有何评价？

库：我有 30 多年的成功销售经验，我把自己知道的所有东西都放进了这本书里，一切都在书中。人们很喜欢这本书，这真是太令人惊喜了。

我必须告诉你一个有趣的故事，这本书出版大概 3 个月后，我收到一封电子邮件，标题是"祝贺您被选中"，我当时本来打算把它删除，因为我觉得这是一封垃圾邮件。但它上面写着祝贺，我还是点开看了，上面写着，我的书被选为 2017 年最佳销售和市场营销类图书前 10 名的"决赛选手"！

天哪，我简直不敢相信，我甚至核对了相关信息，然后发现这是真的，我的书真的被选中了，这真是太不寻常了！

博：多年来，你已经举办了数百场销售培训研讨会和讲习班，而且你一直在销售领域深耕。现在，您正在和我们分享 30 多年来的销售经验和心得。

库：是的。

博：你的书真的引起了很多人的共鸣，我阅读了这本书的读者评论，这些评论都很出色，读者普遍反映，你的观点能引起他们的共鸣。

库：是的，我会告诉你其中的原因。首先来讲一下我写这本书的原因，我是在脸书或领英上读到一篇文章，上面说每个人都应该写自传，以便他们的孩子了解更多关于他们的信息，于是我也开始考虑这一点。

我想与我儿子分享我所知道的一切，尤其是销售方面的知识。所以当我写这本书的时候，就像是在跟儿子说话。我认为人们也会从中受益。

博：销售对你来说有哪些重要作用？

库：我热爱销售，我也确实从中得到了好处，我对此感到非常兴奋。而另一方面，我也在使客户的生活变得更加轻松，这让我感觉很好。所以每当我向客户出售东西时，我总是能成功。我100%相信我的产品，否则我就不会销售它。与客户交谈时，我知道我的产品将使他们的生活变得更好，这是很真诚的想法。

博：如今社交媒体充斥着人们的生活，但是你仍然相信做销售要有人情味，你会为客户提供很棒的服务。

库：当然。

博：你为你的书感到非常兴奋吗？

库：是的，非常兴奋。杰弗里，事实上，真的很有趣，我碰巧随身带了一本！我喜欢为人们带来惊喜，我也非常喜欢这本书。

博：你有很多销售方面的策略和方法，其中你最喜欢的一个是什么？

库：我想说，市场上有成千上万本讲销售方法的书，而我在书中按时间顺序将重要的销售方法排列了起来。读者可以直观地了解，想在销售领域获得成功应该做哪些事。

要让你的客户笑起来，这是最重要的事情。因为事实证明，如果你能让某人笑起来，他们就会愿意付钱给你，因为人们放松下来后才愿意相信别人。

书中还有 3 个关键的销售方法，分别是保持热情、强调好处和创造紧迫感。运用这些方法，你将会尽可能快地让客户相信你并对你的产品产生兴趣，最终成功签下订单。

我的书中有对以上方法的详细分析，此外，书中还有 27 个其他销售方法，掌握这些方法后，你将会成为一个了不起的销售员！

博：谢谢你，戴维。很高兴与您交谈，你的成功实至名归，你的确为销售行业注入了全新的血液。

库：谢谢，杰弗里，很高兴你能邀请我来做分享。

名人面对面 3

知名媒体人布莱恩·伯恩斯
与戴维·库克的访谈

布莱恩·伯恩斯（Brian G. Burns，以下简称"伯"）：嗨，戴维，欢迎。向我们介绍一下你自己吧。

戴维·库克（以下简称"库"）：布莱恩，非常感谢你邀请我。首先，我想告诉你，我是你的忠实粉丝。我第一次看到你在街上做的那些视频就爱上了它们，你在视频中说"你知道吗，在这里我就是老板"还有"如果你想让我做你强调的事，那就把它们写在合同里"，我看到后开怀大笑，太喜欢了！我想让你知道，我是你的超级粉丝。

回到正题，谈一谈关于我的事。我很幸运，在 30 多年的销售生涯中取得了很大的成功。我在大学时开始销售空气过滤器，赚到了人生中的第一桶金，当时我 18 岁。后来我还做过很多工作，如电视广告投放、网站运营方面的工作，还做过某家企业的环保总监，我为此感到自豪。

我来谈谈《绝对成交销售加速手册》这本书吧，每年都有成千上万的新书上市，而我的这本书出版 3 个月后就被选为销售和市场营销类图书的前 10 名。

伯：这非常令人兴奋，谈到销售，你做过的最艰难的销售工作是什么？

库：那是在 20 世纪 70 年代的事，我当时住在洛杉矶，为施乐公司（Xerox）销售碳粉。那时我必须每天早上 6 点就到办公室，然后打电话给潜在客户销售碳粉，那真是既艰难又复杂的工作，因为它需要非常详细的计划，考虑很多人的需求，但这样做也非常有趣。

伯：这引出了一个很好的问题，我也曾在很多场合谈到它。分析别人的需求时，不要强调他们"应该"关心什么，而是要分析他们真正关心的是什么。

你知道的，我们很多人都在谈论自己的产品有多么好，想将这些信息强行灌输给自己的客户，而不是去分析客户真正的需求，不去研究自己的产品能否满足客户的需求。而你在这本书中真正解决了这类问题。

库：是的，现在我会谈谈写这本书的原因，我想把30多年来的成功销售经验教给我儿子，当然，也想传授给更多的人，于是我写下了这本书。

最近，我接受了《心灵鸡汤》的作者杰克·坎菲尔德的采访，我对他讲了同样的故事，他看着我说："哦，你是在用爱来写这本书。"我当时就被触动了，是的，我之前也没想到，原来是这样。我想这也是本书如此成功的原因之一，因为它能引发读者的共鸣。有读者给我发电子邮件，说感觉我和他是站在一起的。

伯：你儿子也在做销售吗？

库：不，他学的是计算机专业，还学了科学和日语，现在在一家大型金融机构工作。

伯：很棒。

库：是的。不过从另一个角度来看，其实所有人都在做销售，我的意思是，每个人都需要掌握一些销售方法。比如叫出一个人的名字，你就可以成功引起他的注意。

伯：是的，因为我也写过书，我发现了这真的很棒。我们都有很多记忆、经验、故事和想法，如果不是写书时主动收集、整理的话，它们很可能会被遗忘，这也是写书给我们自己带来的一个好处。有时我们在写作过程中意识到一个问题，而深入探索后会发现它背后的意义远不止如此。

库：是的，我也会经常读我自己的书，它就放在我的床头柜上。读到某些部分时，我会说："我差点就忘了这个方法"，这对我自己来说也是一种很棒的复习。

伯：我在工作中遇到销售方面的问题时，也会去读你的这本书。这本书你写了多久？

库：两年，有时我会突然间受到新的启发，我的天哪，我必须立刻打开电脑把它写下来。我认为这对所有人来说都是不错的锻炼。

伯：不一定要写书，但你应该主动整理头脑中的想法。

库：是的，因为人的头脑真是个混乱的地方。

伯：现在让我们谈谈我最喜欢的话题：怎样才算得上顶尖的销售员？

库：关于这个问题，我个人觉得顶尖销售员和普通销售员之间的分水岭，就是他能否做到最重要的事。我书中的很多内容都涉及了这一点。有很多事情，很多小的步骤，是任何人都能做得到的。而只有顶尖销售员做到了那些最重要的事。

我认为销售员应该做到的第一件事，就是让客户笑起来，我在很多场合中都强调过这一点。

伯：我同意你的观点，对我们大多数人而言，幽默是最简单的方法。之所以很多销售员不用，是因为他们太喜欢谈论自己了。

库：是的，其实他们也可以谈一些自己与客户的共同点。

伯：我们与陌生人谈话时往往非常谨慎，而销售员差不多每天都要与陌生人交谈。

库：是的，幽默恰恰能在这种场合中派上用场，因为我很幽默，所以能够很快与客户打成一片，让客户信任我、愿意听我说话。

伯：顶尖销售员还有什么特点吗？

库：他们需要主动地叫出客户的名字，在这里我想指出非常非常重要的一点，在叫出客户的名字之前，你需要做好功课，了解客户喜欢被如何称呼，他是喜欢被人称为"托马斯"呢，还是"汤姆"呢？

这很重要，因为这关系到对客户的尊重。

还有的客户喜欢被人称为某某先生或某某太太，你一定要用他们想要的方式说出他们的名字，这能表明你投入了足够的精力去了解你的客户。

此外，顶尖的销售员还需要做到热情高涨、强调好处和创造紧迫感，这些我在这本书里都写到了。

伯：你是如何保持动力的？因为我看到很多销售员已经"燃尽"了，而你连续做了 30 多年，你是怎么做到的？

库：因为我觉得做销售非常有趣。我渴望获得成功，因此必须时时思考获得成功的方法，而家人的肯定也让我充满了动力。

但最重要的，是我确实喜欢自己销售的产品，它们可以使客户的生活变得更好，我对此感到很满足。有些客户会打电话或发电子邮件感谢我："戴维，非常感谢你的产品。"这给了我很大的鼓励。

伯：你怎样保持自己的竞争力？

库：我坚定地选择做销售，因为我喜欢做销售，我身边的每个人都在卖东西，在这种环境中，我也得以不断进步。**销售真的很有趣，我们可以将它变成人们喜欢玩的游戏，而不是僵化的流程**。

伯：很多情况下，销售工作的进展都需要时间的积累，我们必须提前撒下种子，然后等待合适的时机。比如在房地产行业，你需要长期与客户打交道，你会知道他们结婚了，有孩子了，或者退休了，你们的关系会持续很长时间。无论客户想找一处什么样的房子，他们都最有可能与他们认识并信任的房地产经纪人一起去。

库：是的，或者是寻求信任的房地产经纪人的推荐。

伯：你是否每天都会做一些特殊的活动，让自己兴奋或保持专心？

库：毫无疑问，我会做的，而且我也很喜欢做，它能让我保持活力。我每天晚上上床睡觉前，都会对自己说一些非常有力量的话："我很幸福！我很成功！我是世界上最棒的销售员！"这些暗示会在睡眠时进入我的心里。

第二天早上醒来后，我会再花 10 分钟确认一遍："我很幸福！我很成功！我是世界上最棒的销售员！"我还会为世界上所有人的幸福祈祷，然后再下床。

人们每天早上起床后都要穿上衣服，而我要说的是，他们也需要调整自己的态度。因为你的态度和你的衣服一样，都会影响别人对待你的方式。你需要保证自己的态度是正确的、合适的。

伯：谢谢戴维的分享，《绝对成交销售加速手册》确实是一本很实用的书，你可以在周末阅读它，然后在周一早晨就将书中的方法应用到自己的工作中，你会发现效果好得令人难以置信。

库：谢谢你，布莱恩。

名人面对面 4

SiriusXM 电台主持人珍妮弗·哈蒙德
与戴维·库克的访谈

珍妮佛·哈蒙德（Jennifer Hammond，以下简称"哈"）：
欢迎来到我的节目，我是珍妮弗·哈蒙德，正如你们所知，
我一直热衷于寻找新的方式、新的眼光，以及新的态度。

我们今天要分享的话题是，如何成为一名更好的销售
人员。我在弗吉尼亚州、华盛顿特区和马里兰州都有房地
产经纪人的执照，同时我也是一名房地产投资者，我喜欢
向人传授房地产投资的经验。在此过程中我学到的一个道
理：**生活中的每个人都是销售员。**

有些人理解了这一点，有些人则没有。我喜欢孩子，而他们正是最好的例子，能说明我们是如何不断地在销售。我们就像一群孩子，不管是为了一块饼干，还是为了能够出去玩，不管是什么，他们总是能以最有创意的方式来说服父母。

我非常喜欢观察人们使用了多少不同的销售技巧。所以，见到本期的嘉宾戴维·库克时，我感到非常激动。

我最近在纽约见到了他，我对我们即将聊到的话题感到非常兴奋，因为我认为每个人都可以成为更好的销售人员。他写了一本很棒的书，叫作《绝对成交销售加速手册》。我想请他向大家介绍一下书中那些美妙又神奇的方法。

让我来介绍一下戴维·库克。他是一位国际畅销书作家，有着超过 30 年的非常成功的销售经验。他的书被选为销售和市场营销类十佳必读书目。让我们欢迎戴维。

戴维·库克（以下简称"库"）：谢谢你，珍妮弗。很高兴来到这里。

哈：你能来我也很兴奋。我知道你有一些很棒的建议，你知道，我们节目的很多听众是房地产投资者或有执照的房地产经纪人，他们喜欢掌握买卖方面的技巧。你说今天会向大家分享成为一名优秀销售人员的方法。在我们开始之前，我想知道你为什么要写这本书？

库：好的，我会告诉你我写这本书的原因，詹妮弗。事实上，我很高兴你问了这个问题。

大概是4年前，我看到一个说法：每个人都应该写自传，都应该为他们的孩子写下自己的故事，这样孩子就会更了解他们。

珍妮弗，我对销售很了解。所以，我想写一本书，把我所有的销售知识都写进去，因为我想让我的儿子了解我所知道的一切，这就是书里的内容。**很多人读了我的书后觉得非常亲切，因为这本书确实是我用自己的灵魂写成的。**

哈：是的，这很重要。我可以分辨出一个嘉宾是不是在深度分享，我很感谢你，戴维，感谢你愿意深度分享。

那么，让我们来谈一些你喜欢的话题。你说过你有一些方法，它们可以让别人做你想让他们做的事。我们都想了解这些神奇的方法。

库：那么，我们就来说说这些方法吧。

第一个方法就是"笑"。我知道，你已经学会了很多关于销售的知识，但请暂时忘记它们，因为你要做的第一件事就是让你的客户发笑。记住，这是你要做的第一件事，这时你不能给他们提供福利或其他东西。

有人说，人们在见到你的前 7 秒内就会决定是否和你做生意，所以你要珍惜这 7 秒。

所以，你要让客户笑起来，因为这样他们会感觉很好。通常，自嘲的效果最好。例如"如果你听到了吱吱的声音，那是我的骨头在响，我再也受不了这种天气了。"就是这类玩笑，你懂的。

你要做的第一件事就是让别人笑。

哈：我认为这很正确，对我来说也很有启发。当你笑的时候，你会觉得一切都是积极的。你不可能既真心地笑了又怀有负面情绪。所以，当你笑的时候，你的心态就会改变，我喜欢这个方法。

库：刚才说的是你要做的第一件事，接下来就是热情，这是很多人都知道的。

老板经常说，你必须热情，但我怎么才能做到热情呢？我怎么做才能保持更好的态度呢？如果你愿意，我可以和你分享一个让自己变得热情的小窍门，可以吗？

哈：当然可以，请告诉我吧。

库：好的。在去见客户之前，如何让自己变得充满热情呢？你要做的就是闭上眼睛，闭上眼睛 1 分钟。想想你生命中最快乐的时光，并把它铭刻在你的脑海里。**你去赴约或打销售电话时，在和别人交谈之前想想你生命中最快乐的时光，这样你就会立刻充满热情。**

这是一个非常棒的小游戏，可以让自己充满热情。如果你表现得很开心，你的客户也会很开心。

哈：我同意，这很有趣，因为我有时也会对那些处在低谷的人提到这个做法。

库：我去见客户，当我的手碰到他们的办公室或大楼的门时，我经常会这样做，我想起了生命中最快乐的时光。然后我就能充满热情。

哈：真不错。好的，第一个方法是笑，第二个是热情，第三个呢？

库：好处。我们要强调好处，好处、好处、好处。因为人们买的不是东西，也不是产品，而是好处。以房地产为例，人们要买的不是房子，他们买的是从这些房子中感知到的好处。当然，人们买其他东西时真正在乎的也是好处。

哈：让我想想，卖房子时可以着重强调的一个好处是学区，还有，现在人们比较在乎的一个好处是步行，你知道，即使在郊区，也有多适于步行的公园。所以，这些都是好处。

我最近向一个客户卖房子的经历很有趣。客户最终决定买下那所房子，因为她有两个小孩，而她的婆婆就住在这所房子对面，可以帮她带孩子，这就是好处。

库：是的，这就是客户要购买的好处。不要告诉他们房子用了什么钉子，或者用了什么类型的混凝土，忘掉这些东西吧。要强调房子对他们有什么好处。

哈：那么第四个方法是什么呢？

库：紧迫感。这是一个关键问题，也是我的最爱之一。你必须给客户一个现在就行动的理由，否则你的销售可能就会失败。

特别是在房地产行业，因为每个客户都知道，当他看一所房子的时候，另外6个、8个或10个人也在看那所房子。所以，你可以很容易地对他说，我可以帮你把这所房子留到24号，但是还有其他几个人也在看这所房子。

我不认为这种做法会给我带来压力，我认为这是一种动力。我是在激励别人去完成一些事情。

很多时候，人们需要一点推动才能"进入泳池"，而一旦进入泳池，他们就会很开心，还会对你表示感谢。

哈：没错，我认为我们都有拖延的倾向。我最近听到有人说，有时生活就像为你要做的事情分类。

人们会优先做一些紧急的事情，然后是那些不那么紧急的或者没有任何紧迫性的事情，然后他们会说"好吧，这些不太重要"，然后就把它们搁置一旁。几年过去了，他们还是没有开始做。

然而如果有紧急情况、有明确的截止日期，他们就会去做。

库：是的，一旦他们去做了，他们会很高兴，也会感谢你。

哈：好的，第五个方法是什么呢？

库：这个方法很关键，我希望大家都认真听，最好能写下来。这个方法就是叫出客户的名字。对任何人来说，最动听的声音都是别人叫出他名字的声音。

客户永远都不会觉得你叫他名字的次数太多了。

现在，我们说到了关键的部分。当你做演示时，如果你想引人注目，就先叫出客户的名字。当别人叫你的名字时你会怎么做？就像我对你说"珍妮弗"，你的整个世界都停止了，你会全神贯注地听我说话，这种反应从你出生起就被编码了。如果我说"苏珊，我知道你在听广播节目"，那么所有叫苏珊的听众的注意力都会被吸引。

所以，当你说出某人的名字时，他们会全神贯注地听你说话！

我现在很兴奋，珍妮弗。

哈：这样很好。

库：所以，**当你叫出某人的名字时，就可以在3秒内占有他的注意力。你要想好在这3秒内向他传递什么信息**。总之，就像我刚才说的，在吸引客户之前先叫出客户的名字，这非常重要，非常重要！

哈：这些都是非常有效的建议。你相信这些做法会起效，你也知道它们能帮助到别人，这对你来说很容易。

我刚进入房地产行业、获得房地产经纪人的执照时，并没有打算成为一名销售人员。但我后来发现自己喜欢上了销售，尤其是这能帮助到我的一些朋友，他们做着非赢利的工作。

我对他们说："你们知道吗，这套房子有 5 000 美元的税收抵免，还有首付补贴和结算费用补贴，比你的房租还便宜。"

然后我变得很兴奋，因为我在帮助别人。我之前觉得"销售"对我来说是个贬义词，但是通过销售帮助到别人让我感到兴奋，我开始喜欢上了销售。

我当时甚至都不知道我喜欢销售，直到第四个或第五个客户对我说，我在每封电子邮件的结尾都会说"让我们享受乐趣吧"。

客户们会跟我说："你知道吗，珍妮弗，当我读到电子邮件结尾时，我想：嗯，她真活泼。然后，突然间，我觉得这确实很有趣，是她让这笔交易变得有趣的，她真的帮了大忙。"这就是为什么 22 年过去了，我仍然在做房地产。我情不自禁，因为我喜欢帮助别人。我喜欢看他们笑，我也喜欢分享我的热情，看他们变得同样热情，他们甚至会鼓掌，我觉得这真的很好。

库：我们的想法是一致的，珍妮弗。我想到了一段话，就是这本书的最后一段。

它的大意是记住，你最终通过你的产品或服务让别人的生活变得更好，你可以在自己的余生中一直保持这种价值感。

哈：这种感觉比钱好，比世界上的任何东西都好。那种帮助过别人的感觉，我爱它。

戴维，你太有趣了，我喜欢你的热情。你写过不止一本书，对吧？

库：不，我只写过这一本书，我把自己知道的一切都放到里面了。

哈：我觉得它很漂亮。好的，戴维，非常感谢你的到来、感谢你的热情，感谢你与听众们分享了你的销售方法，非常感谢。

库：好的，珍妮弗。谢谢你邀请我。

哈：这是我的荣幸，祝你周末愉快，戴维。

库：也祝你周末愉快，再见。

共读书单

以下是历年来我们的读者推荐的各类兼具权威性和实用性的书籍。

如何快速成长为一名金牌销售员

《拥抱你的客户》（*Hug Your Customers*）
杰克·米切尔（Jack Mitchell）

《浪潮式发售》（*Launch*）
杰夫·沃克（Jeff Walker）

共读书单

《绝对成交 2》(*Secrets of Power Persuasion for Salespeople*)
罗杰·道森(Roger Dawson)

《绝对成交话术内训手册》(*Rainmaking Conversations*)
迈克·舒尔茨(Mike Schultz)& 约翰·杜尔(John E. Doerr)

《绝对成交：一页纸营销计划》(*The 1-Page Marketing Plan*)
艾伦·迪布(Allan Dib)

《营销计划全流程执行手册》(*The Marketing Plan Handbook*)
罗伯特·布莱(Robert W. Bly)

《逆势成交》(*The Sell*)
弗雷德里克·埃克伦德(Fredrik Eklund)& 布鲁斯利·特菲尔德(Bruce Littlefield)

《黄金服务》(*The Gold Standard*)
科林·考伊(Colin Cowie)

积极向上 & 强大的内心，必定创造人生的奇迹

《早起的奇迹》（*The Miracle Morning*）

哈尔·埃尔罗德（Hal Elrod）

《奇迹公式》（*The Miracle Equation*）

哈尔·埃尔罗德（Hal Elrod）

《时间管理的奇迹》（*Procrastinate on Purpose*）

罗里·瓦登（Rory Vaden）

《知道做到》（*Know Can Do!*）

肯·布兰佳（Ken Blanchard）& 保罗·梅耶（Paul J. Meyer）

& 迪克·卢赫（Dick Ruhe）

《知道做到快速获取新技能的科学》（*The Science of Rapid Skill Acquisition*）

彼得·霍林斯（Peter Hollins）

共读书单

《知道做到自学的科学》（*The Science of Self-Learning*）

彼得·霍林斯（Peter Hollins）

《野蛮进化》（*Relentless*）

蒂姆·格罗弗（Tim S. Grover）& 莎莉·莱塞·温克（Shari Lesser Wenk）

《向上的奇迹》（*MOJO*）

马歇尔·古德史密斯（Marshall Goldsmith）

《轻疗愈》（*The Tapping Solution*）

尼克·奥特纳（Nick Ortner）

《活出最佳自我》（*Best Self*）

迈克尔·拜尔（Michael Bayer）

《感恩日记》（*The Gratitude Diaries*）

贾尼丝·卡普兰（Janice Kaplan）

《高效沟通的艺术》（*How To Say Anything to Anyone*）

莎丽·哈莉（Shari Harley）

《跑步的力量》（*Running Is My Therapy*）

斯科特·道格拉斯（Scott Douglas）

《睡眠进化》（*The Sleep Solution*）

W. 克里斯·温特（W. Chris Winter）

快速赚到钱的致富之道

《财富流》（*The Millionaire Master Plan*）

罗杰·詹姆斯·汉密尔顿（Roger James Hamilton）

《富爸爸的财富花园》（*The Wealthy Gardener*）

约翰·索福里克（John Soforic）

《巴菲特致管理者的信》（*Dear Chairman*）

杰夫·格拉姆（Jeff Gramm）

共读书单

《财务自由笔记》(*Millionaire Teacher*)

安德鲁·哈勒姆(Andrew Hallam)

《财富自由笔记》(*Boss Up！*)

琳赛·蒂格·莫雷诺(Lindsay Teague Moreno)

《有钱人穷的时候都在做什么》(*The Money Saving Mom's Budget*)

克丽丝特尔·佩因(Crystal Paine)

《巴菲特的护城河》(*The Little Book That Builds Wealth*)

帕特·多尔西(Pat Dorsey)

我的鼓舞人心的销售故事

我的鼓舞人心的销售故事

GRAND CHINA

中　资　海　派　图　书

扫码购书

[美] 迈克·舒尔茨
约翰·E. 杜尔　著
孙路弘　译
定价：89.80元

《绝对成交话术内训手册》

快速成交、反复签单的
RAIN 全流程销售模式

掌握 RAIN 模式的说话技巧，不仅能让你在短时间成交，还能让你的客户迫不及待，一而再、再而三跟你下订单！话术决定了销售的成败。

每一次谈话都是发现和赢得新客户、增加销售的机会。然而，大多数商务人士和销售人员在初次接触客户、全程交谈时，都会倍感吃力；由于一些常见的销售错误，最终导致交易失败。舒尔茨和杜尔总结自身几十年的销售经验，并大量研究和深入访谈众多世界 500 强企业销售组织的领导者，提出了"RAIN 全流程销售模式"。

RAIN 模式包括四个阶段：寒暄（获得客户初步好感，强化信任）、渴望和痛点（发现客户的期待及要解决的问题）、冲击力（引导客户意识到问题的严重性）和新现实（让客户透彻理解可以得到的价值）。RAIN 模式是经过反复验证的有效系统，帮助成千上万的销售人员展开强力销售对话，实现了突破性的销售业绩。

扫码购书

[美]杰夫·沃克 著

李文远 译

定价：69.80 元

《浪潮式发售》（全新升级版）

让你卖什么都秒杀并
持续热卖的产品发售公式

　　互联网营销大师杰夫·沃克独创的产品发售公式重新定义在线营销，已指导和帮助世界级潜能开发专家安东尼·罗宾、利基营销大师弗兰克·克恩等数十位"各领域翘楚"，以及数千名企业家、数万名学员，取得了超 50 亿美元的惊人销售额。大量真实案例，都可以在网上搜索到。

　　《浪潮式发售》上市以来，杰夫·沃克从未停止检验和完善该公式的适用性，针对中小微企业、自由职业者资源有限的情况，本次升级版在原有的种子式发售、联营式发售、PLF 和 PLF2.0 的基础上，新增 3 条发售路径，探讨如何在发售时使用社交媒体、如何通过直播发售产品、如何使用付费流量进行发售，以及数十个作者亲自指导的产品发售案例。不论你卖的是电子产品、衣服鞋帽，还是手机软件、网络视频，都能在这本书中找到最适合的发售路径，以最快的速度风靡市场，狂销疯卖！

海派阅读
GRAND CHINA

READING
YOUR LIFE

人与知识的美好链接

20 年来，中资海派陪伴数百万读者在阅读中收获更好的事业、更多的财富、更美满的生活和更和谐的人际关系，拓展读者的视界，见证读者的成长和进步。现在，我们可以通过电子书（微信读书、掌阅、今日头条、得到、当当云阅读、Kindle 等平台），有声书（喜马拉雅等平台），视频解读和线上线下读书会等更多方式，满足不同场景的读者体验。

关注微信公众号"**海派阅读**"，随时了解更多更全的图书及活动资讯，获取更多优惠惊喜。你还可以将阅读需求和建议告诉我们，认识更多志同道合的书友。让派酱陪伴读者们一起成长。

六 微信搜一搜　　🔍 海派阅读

了解更多图书资讯，请扫描封底下方二维码，加入"中资书院"。

也可以通过以下方式与我们取得联系：

📱 采购热线：18926056206 / 18926056062　　📞 服务热线：0755-25970306

✉ 投稿请至：szmiss@126.com　　🔄 新浪微博：中资海派图书

更 多 精 彩 请 访 问 中 资 海 派 官 网　　(www.hpbook.com.cn ▷)